Communication Process
コミュニケーションプロセス

西川一廉・小牧一裕
Nishikawa Kazutoshi　Komaki Kazuhiro

二瓶社

まえがき

　本書のめざすところはコミュニケーションの心理学，人間関係の心理学，あるいは社会心理学的コミュニケーション論である。自己をよりよく理解し，他者との相互理解を促進し，さらに集団の中でいかに適切な行動をとりうるかを学習するために，心理学の立場から，特にコミュニケーションをキーワードに考えようとするものである。それらを基礎から学ぶための場の提供を目的としている。大学での授業をイメージしているが，それに限ってはいない。

　現代は携帯電話やパソコンをはじめとしてコミュニケーション・ツールが急速に発達した便利な時代である。携帯電話の普及とともに，いつでも，どこからでも即座に連絡がとれるネットワーク社会になった。メールを使えば相手が不在でもメッセージは届く。私たちは何と便利な社会に住んでいるのだろう。これだけを見ると，現代は人々が相互に限りなく接近した関係にある社会，めざす相手はすぐ隣にいて，電波の手を伸ばせばいつでも掴まえることができる社会である。親密な人間関係，すぐれたコミュニケーションのための環境は十分に整備されたかに見える。

　しかし現実はどうだろうか。そうしたスピードと便利さにもかかわらず，人々は人間関係不全，コミュニケーション能力の低下に悩みはつのるばかりである。対人不安が増大する一方で，人と人との絆は脆弱化の一途をたどっている。そして心の空虚さをもてあます。寂しさのあまり，ダイヤルボタンを押し続け，あちらこちらにメールを発信し，掲示板に書き込み続ける。もちろんそれで満たされることはない。

　私たちはどうやらこのあたりで見直しが必要ではないかと思う。携帯電話やパソコンに生身の人間関係は荷が重すぎるのではないか。所詮それらは補助機具に過ぎなかったはずである。人間関係という途方もなく大きい世界は，どれほど高速化しても単線の携帯電話やパソコンには乗り切らないのではないか。この際，もう一度，見えない心の宇宙をやりとりする人間関係のあり方に地道に取り組む必要があるのではないか。薄く浅い人間関係から深みのある人間関係確立に向けて，私たちは何をなすべきか考える時にきているように思われる。

スピードと便利さと格好良さに誘われて，私たちは地道な努力を怠ってきたのではないか。実際，私たちは1人では生きていけない。家庭，学校，近隣，職場など，多様な人々との社会的関係の中に生きている。暖かい安心できる人間関係を形成し，円滑なコミュニケーションが可能な能力を身につけることなく，どうして人と人の関係の中に生きていけるのだろうか。良きにつけ悪しきにつけ，これまでの規範が崩壊しつつある今日，いかにして有効な人間関係能力を習得し，コミュニケーション・スキルを身につけるかである。本書がそのためのきっかけとなれば幸いである。なお，1章から6章を西川，7章から11章を小牧が担当した。

　最後になったが，本書刊行について大変お世話になった二瓶社，吉田三郎氏に心よりお礼を申し上げたい。

　　2002年8月

西川一廉

もくじ

まえがき iii

もくじ v

1章　人間活動としてのコミュニケーション 1

1．はじめに 1
2．コミュニケーションとは 3
  1　目的 4
  2　目標 5
3．コミュニケーションの分類 6
4．意味 7
5．コミュニケーション・モデル 8

2章　知覚とコミュニケーション 13

1．知覚過程 13
  1　注意 13
  2　協同 14
  3　解釈 16
2．コミュニケーションの基礎（1） 17
  1　自己 17
  2　過去経験 18
  3　他者 19
3．コミュニケーションの基礎（2） 20
  1　理性 20
  2　情緒 21

3章　スピーキングとリスニング 25

1．知覚とリスニング 25

1　ヒヤリングとリスニング　26
　　　2　選択とリスニング　26
　　　3　思考とリスニング　27
　2．リスニング・エラー　29
　　　1　ヒヤリングにともなうエラー　29
　　　2　選択にともなうエラー　29
　　　3　解釈にともなうエラー　31
　3．スピーキング・エラー　32
　　　1　データ・エラー　33
　　　2　話し方エラー　34

4章　ノンバーバル・コミュニケーション　37

　1．ノンバーバル・コミュニケーションの用途　38
　2．ノンバーバル・コミュニケーションの分類　39
　　　1　動作学　40
　　　2　近接学　48
　　　3　パラ言語　52
　　　4　人工品　56

5章　コミュニケーションの文脈　59

　1．文脈構成要因　59
　　　1　物理的環境　59
　　　2　関与する人数　60
　　　3　前後の出来事　62
　　　4　文化　62
　2．支持的風土と防衛的風土　63

6章　対人文脈におけるコミュニケーション　65

　1．社会的役割　66
　2．社会的対人相互作用の循環過程　67

3．自己理解と他者理解 68
 1　ジョハリの窓　69
 2　自己開示　71

4．自己呈示 72

5．交流分析 74
 1　自我状態　75
 2　交流パターン　75

6．共感的理解 78
 1　積極的傾聴　79
 2　プロセス・オブザベーション　80

7．対人魅力 81

7章　集団文脈におけるコミュニケーション 85

1．集団とは 85
 1　集団の定義　85
 2　公式集団と非公式集団　86
 3　集団の形成　87

2．集団の特質 88
 1　集団凝集性　89
 2　集団規範　90
 3　集団圧力と同調行動　93

3．集団におけるコミュニケーション構造 95
 1　コミュニケーションパターンの種類と効果　95
 2　ソシオメトリー　96

4．集団の意思決定 98
 1　集団成極化　98
 2　マイノリティ・インフルエンス　99
 3　集団思考　99

5．集団の葛藤とその解消 102
 1　集団の形成　102
 2　集団間の葛藤　102
 3　葛藤の解消　103

6．日本におけるコミュニケーション　104
　　　　1　低コンテキストと高コンテキスト　104
　　　　2　日本におけるコミュニケーションの特徴　104

8章　リーダーシップ　107

　　1．リーダーシップとは　107
　　2．リーダーシップの理論　108
　　　　1　特性論　108
　　　　2　2次元論　110
　　　　3　状況理論　112
　　3．リーダーシップの代替要因　117
　　4．日本におけるリーダーシップ　118
　　5．人を育てるコミュニケーション　119
　　　　1　メンタリング　119
　　　　2　コーチング　121
　　6．リーダーシップと社会的勢力　122
　　　　1　社会的勢力とは　122
　　　　2　影響力の基盤　123

9章　ストレス・健康とコミュニケーション　125

　　1．コミュニケーションとストレス　125
　　　　1　ストレス　125
　　　　2　ストレス・モデル　126
　　2．ストレッサーとしてのコミュニケーション　126
　　　　1　ストレス源は誰か　126
　　　　2　若者の離職原因　127
　　　　3　日常苛立事尺度　129
　　3．調整要因としてのコミュニケーション　129
　　　　1　ストレス緩和要因としてのサポート　131
　　　　2　ストレス促進要因としてのサポート　134
　　4．コミュニケーションがうまくいかなかったとき　136

　　　　1　孤独感　137
　　　　2　バーンアウト　138
　5．対人関係をストレスにしないために　141
　　　　1　適切な自己表現：バランスのとれた自己開示　141
　　　　2　雑談の重要性　142
　　　　3　苦手な人との接し方：返報性の活用　143
　　　　4　「気づき」と「まねる」：スキルトレーニングから　143
　　　　5　良きけんかのコツ　144

10章　説得とコミュニケーション　147

　1．態度とは　147
　　　　1　態度とは　147
　　　　2　態度の構造　148
　　　　3　態度と認知的一貫性　149
　2．説得効果の要因　151
　　　　1　送り手の要因　151
　　　　2　メッセージの要因　154
　　　　3　受け手の要因　156
　3．説得の過程　156
　4．説得への抵抗　158
　　　　1　コミットメント　158
　　　　2　接種理論　159
　　　　3　心理的リアクタンス理論　159
　5．説得のテクニック　159
　　　　1　譲歩的依頼法（ドア・イン・ザ・フェース・テクニック）　160
　　　　2　段階的依頼法（フット・イン・ザ・ドア・テクニック）　161
　　　　3　特典除去法（ローボール・テクニック）　161
　　　　4　特典付加法（ザッツ・ノット・オール・テクニック）　162
　6．面接場面での説得　162
　　　　1　面接の一般的原則　163
　　　　2　採用面接　163

11章　IT革命とコミュニケーション　167

- 1．ITの現状　167
  - 1　携帯電話とインターネットの普及状況　167
- 2．メディア・コミュニケーション　168
  - 1　メディア・コミュニケーションとは　168
  - 2　メディア・コミュニケーションの特徴　169
  - 3　メディア・コミュニケーションの影響　170
- 3．電話によるコミュニケーション　171
  - 1　電話と親密性　171
  - 2　携帯電話と人間関係　173
- 4．インターネットによるコミュニケーション　180
  - 1　CMCの特徴　180
  - 2　CMCの問題点　183
- 5．現代若者のコミュニケーション　185
  - 1　若者のコミュニケーションの特徴　185
  - 2　コミュニケーション能力の低下とその背景　186

参考・引用文献　188

著者紹介　197

装幀・森本良成

1章
人間活動としてのコミュニケーション

1. はじめに

　私たちは生きるためにさまざまな活動をしているが，その中でも，特筆すべきはコミュニケーション行動である。日常生活のすべてがコミュニケーション行動である。あるいは私たちの存在そのものがコミュニケーションであるとさえいえる。人間は社会的な動物である。1人では生きてはいけない。複数の人間が相互作用しながら生きていくためにはコミュニケーションを欠くことはできない。

　朝，目覚まし代わりのラジオで目を覚ます。アナウンサーの声を聞きながら，起き出してお気に入りの服を着る。家族に挨拶をして，食卓につく。そして新聞を読む。「いってきます」と告げて家を出る。近所の人に会ってほほえみながら会釈を返す。これはごくありふれた朝の風景であるが，それらのすべてがコミュニケーション行動であるといえる。コミュニケーションはことばに限らない。お気に入りの服は知らない間に私の好みを周りの人にコミュニケートしている。周りの人は私の着ている服から私の好みを知る。こうして私たちの1日はコミュニケーションによって始まり，コミュニケーションによって終わるといえる。このように普段は何気なく行うコミュニケーションであるが，満足のいくコミュニケーションは決して容易ではない。コミュニケーションのいかんによって人間関係は良くもなり，悪くもなる。自分に自信がないために，他人とコミュニケーションできずに引きこもってしまう人もいる。コミュニケーションの重要性はどれほど強調してもしすぎることはない。以下，いくつかのエピソードでコミュニケーションの重要性を考えてみよう。

エピソード1：家を出て駅に向かう途中で近所の人に会う。ほほえみをかわしながら，「いい天気ですね」と朝の挨拶をする。いい天気なのはわざわざいわなくてもわかっている。しかし「いい天気ですね」というわかりきった挨拶が重要な意味をもつのである。これをラポール（rapport）という。ラポールとは信頼と親愛のきずな（心理学辞典）である。「いい天気ですね」と声をかけられてそれを無視して通り過ぎた場面を想像してみれば，一見意味のない挨拶のもつ意味が明らかになる。

エピソード2：これは実際にあった出来事である。2001年1月31日の朝刊を見た人は1面のトップニュースに驚いたはずである。日航機のニアミスで多数の重軽傷者が出たことを伝えていたからである。新聞はその原因がコミュニケーション・エラーであることを伝えていた。図1－1はパイロットと管制官のやりとりである（朝日新聞，2001.1.31朝刊）。

コミュニケーション・エラーに起因する事故は枚挙にいとまがない。ヒヤリ・ハットの経験は誰にでもある。言い間違い，聞き間違いなどどこにでも起こることである。しかしそれが生死にかかわる大事故を引き起こすとなればコミュニケーション・エラーを決し

31日15時
分　秒　交信内容
46：38　管制官A　JAL907便，3万9000ft（約1万1900㍍）へ上昇してください。
46：42　907便　こちらJAL907便，3万9000ftへ上昇します。
52：53　958便　東京管制部，こちらJAL958便，3万7000ft（約1万1300㍍）
52：56　管制官A　JAL958便，こちら東京管制部，了解しました。
54：25　管制官A　JAL907便，3万5000ft（約1万700㍍）に降下してください。関連航空機があります，今すぐ降下を開始してください。【958便へ指示したつもり】
54：33　907便　こちらJAL907便，3万5000ftに降下します。関連航空機は既に視認しています。【管制官は958便の返答と認識】
54：39　管制官A　JAL958便，間隔設定のため，磁針路130度の方向へ飛行してください。
54：50　管制官A　JAL958便，間隔設定のため，磁針路140度の方向へ飛行してください。
54：55　管制官B　JAL957便，今すぐ降下を開始してください。【958便の言い間違い】
55：03　管制官B　JAL907便，3万9000ftに上昇してください。
55：21　907便　東京管制部，航空機衝突防止装置が作動しました。今降下を開始します。あー，再び上昇します。
55：28　管制官B　JAL908便，了解しました。【907便の言い間違い】
55：31　907便　こちらJAL907便，関連航空機は解消しました。
55：34　管制官B　JAL907便，了解しました。
（国土交通省の資料などによる）

図1－1　管制官と日航機の交信記録
太字は便名の取り違え，言い間違い。管制官Aは訓練中，管制官Bは教官役。【　】内は補足説明。（朝日新聞，2001.1.31朝刊）

て見逃すことができない。フェイル・セーフ（fail-safe）は，人間はエラーをするものという前提に立って考えられたものである。たとえうっかり失敗しても安全側に倒れるように考えられたシステムである。ここでもコミュニケーションが私たちの生活と切り離すことができないことを示している。

　エピソード3：よく知られた上方落語に『京の茶漬け』がある。大阪の男が京都の知人宅を訪問したが，その家の主人は留守で，しばらく待たせてもらうことになる。女主人と世間話などをするが，お茶も出ない。そのうち昼時になる。昼食を期待するが一向にその意が伝わらない。実は女主人も男の謎かけに気はついているのだがそれに応えない。いつまでも主人が帰らず，食事も出ないので，仕方がなくいとまをいい，背を向けかけると，女主人はつい癖になっているため『お茶漬けでも』と言ってしまう。それを期待していた男は座り直してしまう。しまったと思うが仕方がない。結局おひつの底を削って茶漬けと漬け物を出すというのが話の大筋である。このように書いてしまうと身も蓋もないが，要するに『お茶漬けでも』といわれても，それは去る人への一種の挨拶であるから，茶漬けなど本当に出すつもりはない。相手もそれが分かっているから，『今日は他に用がありますから』とか『また次の機会に』などというものである。こうした暗黙の了解がなされなかったときのおかしさがテーマである。いわばホンネとタテマエのズレのようなものである。道で出会った人に『どちらまで』と聞かれて『ちょっとそこまで』と応えるのと同じである。どちらへ行くのか本当に聞いているのではないから，詳しく説明する必要などないのである。私たちのコミュニケーションはこのようにオモテとウラの二重構造になっている。それが崩れたときのコミュニケーションは悲惨で，ときには滑稽でさえある。

2．コミュニケーションとは

　「コミュニケーション」ということばはラテン語のcommunis（common）からきている。commonとはいうまでもなく「共通の」とか「共有の」を意味する。つまり私たちが思想，意見，情報を伝達しあい，心を通じ合わせることである（ランダムハウス英語辞典）。コミュニケーションがめざすところは図1

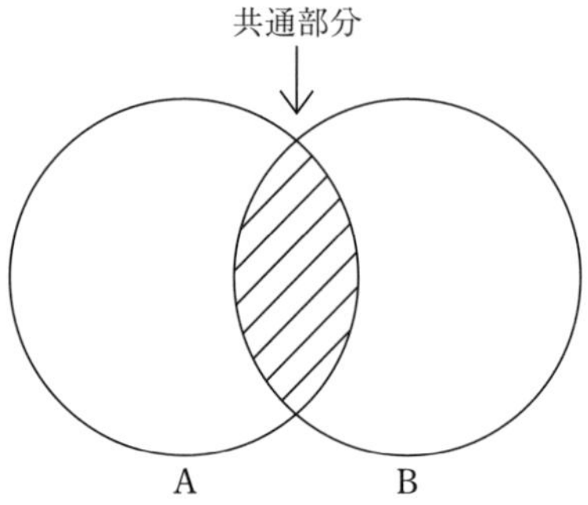

図1−2　コミュニケーションの意味　共通部分はコミュニケーションの成立を示す。

−2の共通部分を拡大し，それを両者が共有する試みである。

またコミュニケーションとはプロセスである。コミュニケーションなるものが存在するのではない。コミュニケーションはプロセスであるというとき，それはダイナミックで，絶えず変化し続ける活動であることを意味している。

1　目的

私たちは何のためにコミュニケーションをするのだろうか。コミュニケーションの目的とは何か。たいていの場合コミュニケーションは意図的である。目的をもっている。もちろん意図せずにコミュニケーションをしている場合もある。苦しくてうめいているとき，おもしろくて思わず声を上げて笑ったときなど意図的でなく，内なる感情を吐露している。しかしそのうめき声，笑い声さえも目的的である。たとえばうめくことによって苦痛を解放し，内的状態を他の人々に知らせるのに役立っているからである。

目的とはコミュニケーションの一般的理由のことである。その理由は人によって，状況によってさまざまで，複雑に絡み合っている。しかしたいていの対人的，集団的，あるいはパブリックな場面でのコミュニケーション文脈に共通する一般的理由とは，①情報を提供すること，②影響すること，③社会化すること，そしてそれらの混合であるといえる。情報を提供するとは教えたり，学んだり，知らせたりなどコミュニケーションの根幹をなすもので，あらゆる場

面でみられる。それによって私たちは自分以外の外的世界についての知識を得，理解を深めることができる。また自分の内的世界を周囲に知らせることもできる。影響するとはコミュニケーションを通して他者の行動や態度などの変容をはかることである。命令したり，説得したり，ときには援助行動を通して他者を変えようとすることである。社会化とはコミュニケーションを通して相互作用しあうことである。人間関係は社会化を通して形成される。子どもの成長は社会化の連続である。

これらの目的は通常，単独ではなく，複数の目的が複合している。たとえば影響過程は情報の提供を伴うであろうし，社会化がないところでは影響しにくいであろう。学校で先生はいろんな情報を提供し，生徒の考え方に影響し，その中で先生と生徒，生徒同士の関係ができあがる。

さらにこれらの目的はいずれもことば，絵，身振りなどさまざまなシンボルやチャネルを使って達成される。どのような目的であれ，コミュニケーションを始めようとする者は明確な目的，つまり何のためにコミュニケーションをするのかを確立していなければならない。明確な目的がなければコミュニケーションは不安定で，非能率的で，非効果的である。

2　目標

コミュニケーション目標はコミュニケーションが実現しなければならない具体的事柄である。上述した目的を達成するために，何を具体的にしなければならないかである。コミュニケーション目標は明瞭で，現実的でなければならない。明瞭な目標は何をコミュニケートするのか，どのようにコミュニケートするのかを決定するのを助ける。明瞭な目標がなければ，コミュニケーションは次から次へと漂流し，結局，目的は達成されない。たとえば就職面接にのぞんで明瞭な目標をもたず，友人同士がかわす普段のおしゃべりを持ち込んだのでは，面接官を説得することにはならないであろう。面接官に自己をアピールし，採用したいと思わせるためには何をどう話すべきか，訴えるべきかである。

明瞭なコミュニケーション目標はまた現実的でなければならない。非現実的な目標から目的の達成は望み得ない。たとえばいい成績を得たいと思うならば，普段からの努力が必要であろう。一夜漬けでよい成績を期待するのは非現実的

である。非現実的計画から目的の達成はおぼつかない。

　目標をみれば，それに連なる目的が明らかになるが，時によって目標と目的が食い違っている場合がある。隠されているときもある。たとえば親しげにあなたに話しかけてくる人の目的があなたと友達になりたいというのならば，目標の先に一貫した目的が見えるが，キャッチセールスのようにあなたに何かを売りつけたいと考えているならば，あなたは親しげな行動から真の目的を見抜かなければならない。私たちの日常生活の中で相手の真意を測りかねるケースがあるが，それは具体的事柄からなる目標と目的に一貫性を見いだせないときである。

3. コミュニケーションの分類

　コミュニケーションはその過程のいずれに注目するかによっていろいろに分類することができる。たとえばコミュニケーションに関与する人数に注目するならば，コミュニケーションが1人の頭の中でなされるとき，それは個人内コミュニケーション（intrapersonal communication）であり，2人が相互作用しながらなされるときは対人間コミュニケーション（interpersonal communication）である。また相互作用しているのが多人数であるとき，それはグループ・コミュニケーション（group communication）である。さらに多人数に対してなされるコミュニケーションはパブリック・コミュニケーション（public communication）である。本書で扱うのはこのレベルのコミュニケーションまでである。

　またコミュニケーターの動機的側面に注目すれば，目標達成手段としての道具的コミュニケーション（instrumental communication）と，緊張や欲求不満の解消などコミュニケーションを行うことそれ自体が目的である要求充足的コミュニケーション（consumatory communication）に分類できる。私たちの日常生活におけるコミュニケーションはほとんどが道具的コミュニケーションである。買い物をしたり，電話で話したり，協力しながら作品を仕上げたり，学校で先生から話を聞いたり，すべてが道具的コミュニケーションである。一方，腹を立てて怒りの感情をあらわにするとき，面白くて大声で笑うとき，それらは要求充足的コミュニケーションである。道具的コミュニケーションと要求充足的

コミュニケーションは混在している場合も多い。大声を上げて子どもを叱るとき，親は自己のフラストレーションを解放するとともに，強い叱責によって，子どもに行動変容を迫っているからである。

さらにコミュニケーション過程のメッセージそのものに注目すれば，ことばによるバーバル・コミュニケーション（verbal communication）と身振りや表情，声の調子など，ことばによらないノンバーバル・コミュニケーション（non-verbal communication）に分類できる。またコミュニケーションがなされるチャネルに注目すれば，一方向にしか開かれていない一方的コミュニケーション（one-way communication）と双方向に開かれた相互的コミュニケーション（two-way communication）に分類できる。

4．意　味

いろんなシンボルを用いてメッセージの形で送り手と受け手の間でやりとりされるのは意味（meaning）である。送り手と受け手が意味を伝達し，交換することによって場を共有するとき，コミュニケーションが成立したというのである。説得もまた意味の伝達を通してなされる。社会化も意味が十分に交換されなければ成り立たない。

それでは意味とは何か。この議論は一般意味論（general semantics）において行われるが，ここでは意味がもつ２つの側面について述べる。意味は外延的意味（denotative meaning）と内包的意味（connotative meaning）からなる。外延的意味とは辞書的意味であり，内包的意味とは感情的意味である。ちなみに外延的意味を辞書で引くと「（裏の意味や連想ではない文字どおりの）意味，明示的〔直接的〕意味」であり，内包的意味とは「（語の本来の意味から暗示される）第二義的〔情的〕意味，言外の意味，含意」などとある（ランダムハウス英語辞典）。図１−３は田中（1969）による意味のシステムである。

いま「死」の外延的，内包的意味を考えてみよう。医師にとって死は心臓あるいは脳波の停止を意味するにすぎない。これは死の客観的，外延的意味である。しかし家族にとってはそれ以上である。死は情緒的，主観的，個人的意味をもっている。心臓の停止だけでは済ますことができない。これが家族がもつ

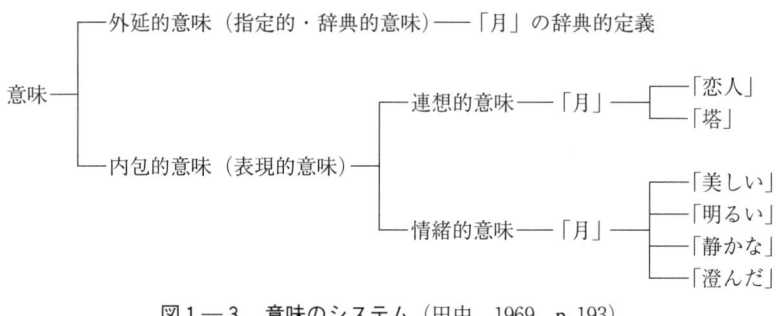

図1−3　意味のシステム（田中，1969，p.193）

死の内包的意味である。外延的意味は比較的変わりにくく静的であるのに対して，内包的意味は変わりやすく，動的であるということもできる。ペットの死は犬や猫の死とは異なるのである。

ハヤカワ（1985）は2つの意味の差を次のような説明をしている。『あらゆる語はその使い方によって何らかの感化的性格をもつ。情報的価値よりも感化的価値のために存在する語がたくさんある。われわれはある人を「あの紳士」「あの人」「あの男」「あいつ」「あの野郎」その他種々の語で呼べるが，その人は同じ人であり，それらの呼び方は彼に対するわれわれの感情の差異を現している』(p.73)。

要するに，コミュニケーションが意味の伝達だとすれば，それは外延的意味と内包的意味の伝達でなければならないということである。

5．コミュニケーション・モデル

コミュニケーション・プロセスを理解するためにはコミュニケーション・モデルが有効である。電気通信理論の立場から出されたシャノンとウィーヴァー（Shannon & Weaver, 1949）のコミュニケーション・モデル以降，さまざまなモデルが提唱されている。図1−4は人間のコミュニケーション・プロセスを理解するために9要素からなるコミュニケーション・モデルを示している。すなわち①送り手，②記号化能力，③メッセージ，④チャネル，⑤受け手，⑥解読能力，⑦フィードバック，⑧ノイズ，⑨文脈である（Benjamin, 1986）。

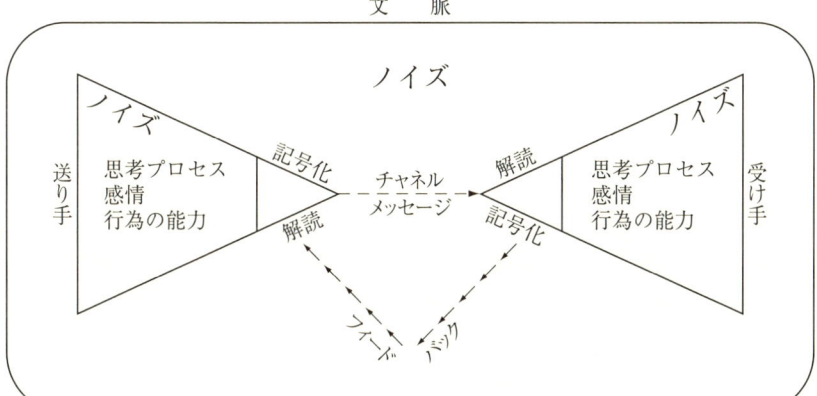

図1-4　コミュニケーション・モデル（Benjamin, 1986, 訳書, p.5）

①送り手（source）

　対人コミュニケーションにおいては，受け手に向けてメッセージを発信する人を送り手という。送り手は特定の考えをもっており，それを知識と言語経験をもとに，ことばに翻訳する。オーラル・コミュニケーションにおいては送り手は話し手と呼ばれる。送り手はまたメッセージの受け手（聞き手）ともなる。

②記号化（coding）

　記号化は考えをメッセージに翻訳する能力である。送り手は特定の考えを表現する語彙と，それを受け手にもっともよく理解されるように組み立て，表現する能力をもっていなければならない。さらにオーラル・コミュニケーションにおいては声に出して考えを表現するための話しことばの使い方に関係する。その意味では記号化とは思考をメッセージに翻訳する精神活動と適切な音に変換する唇，歯，舌など身体のスピーチ機構を協同させる複雑な過程を含んでいるといえる。

③メッセージ（message）

　記号化された結果がメッセージとして知覚される。メッセージは送り手による概念化の成果である。通常それはことばというバーバル・メッセージを通して表現されるが，メッセージはバーバル・メッセージに限らない。表情や身振りあるいは声の変化や抑揚など，いわゆるノンバーバル・メッセージによって

も行われる。それらは複雑に絡み合っている。バーバル・メッセージとノンバーバル・メッセージは常に同調するわけではない。同じことばが用いられても，ノンバーバルな側面によってメッセージに差異がもたらされることもある。たとえばレストランで「おいしいね」といいながらしかめ面をすれば，その料理はおいしくないのである。

④チャネル（channel）

　メッセージは媒体を通して送られる。オーラル・コミュニケーションにおいては送り手と受け手の間にある空気であるが，他のコミュニケーション形式ではチャネルは紙とペンであったり，電波であったり，さまざまである。いずれにしてもメッセージがその目的地に到達するためには何らかのチャネルがなければならない。

⑤受け手（receiver）

　受け手は送り手によって作り出されたメッセージを受け取る人のことである。オーラル・コミュニケーションにおいては受け手はメッセージを知覚し，理解しようとする聞き手である。送り手に意図された受け手はメッセージが向けられた人のことであるが，送り手が意図しない受け手もメッセージを聞き，それによって影響されることもある。その意味では特定の送り手と受け手が常に対応しているとは限らない。たとえば友人についてのうわさ話をするとき，それを偶然に友人自身が小耳にはさむかもしれない。つまり意図されない受け手がメッセージを聞いてしまうかもしれないのである。

⑥解読（decoding）

　送り手から出されたメッセージを受け手が翻訳する過程を解読という。最善の環境下では聞き手によって解読されたメッセージは，話し手によって記号化された考えに近い。すなわち送り手と受け手によってメッセージ内容が共有され，コミュニケーションが成立する。しかし，しばしばこの解読段階で多くの問題が発生する。後述するように，いろんな形でフィルターがかかり，解読に歪みが生じる。この歪みは意識的にも無意識的にも起こる。

⑦フィードバック（feedback）

　十分なコミュニケーションは双方向からの相互作用によって成立する。受け手から送り手への反応をフィードバックという。対面的コミュニケーションに

おいては多くの場合，フィードバックは直接的であるが，その他のコミュニケーションにおけるフィードバックは間接的であることも多い。フィードバックはバーバルであったり，ノンバーバルであったりする。「そうですね」といいながら，うなずけばバーバルとノンバーバルの2種のフィードバックがなされたことになる。しかも即座になされることもあれば，延滞することもある。さらにフィードバックは肯定的であったり，中立的あるいは否定的であったりする。

フィードバックは受け手からに限らない。オーラル・コミュニケーションにおいて，メッセージを送っている途中で送り手自身が自分のメッセージからいわばセルフ・フィードバックを受ける。たとえば感情の高ぶった声で話している自分の声に気づいて声のトーンを下げるなどはノンバーバルなセルフ・フィードバックである。

フィードバックは受け手から送り手へ送られるメッセージであるが，送り手から受け手へこれから送られようとするメッセージについての情報のことをフィードフォワード（feedforward）という。たとえば「真偽のほどはわからないのですが……」とか「誤解しないでほしいのですが……」というとき，次に送り手が発するメッセージに関する情報とか受け手に期待する反応についての情報をあらかじめ送っていることになる。フィードフォワードもまたバーバル，ノンバーバルあるいはそれらの組み合わせでなされる。

⑧ノイズ（noise）

ノイズは何らかの形でコミュニケーションを妨害するものである。ノイズは物理的，心理的，言語的ノイズに分類される。電話が混信しているとか電車の中など騒音の激しいところでのコミュニケーションは困難であるが，それらは物理的ノイズによって妨害されるからである。心理的ノイズはたとえば偏見をもった送り手によっても，情報の受信とプロセシングを歪める受け手の先入観などによっても発生する。言語的ノイズはたとえば異なる言語を話す外国人との間で発生する。同じ言語体系のもとでも，専門用語が使われたり，感情的になって話されることばは，受け手に十分に理解されず，言語的ノイズによって妨害されることになる。

⑨文脈（context）

コミュニケーションは常にある文脈の中でおこなわれる。文脈とはコミュニケーションがなされるときの物理的，社会－心理的，および文化的状況であり，コミュニケーションの形式や内容に影響する。文脈を無視してメッセージの適切な解釈はあり得ない。たとえば「民主主義」や「正義」などということばも，どのような文脈で使われているかを考慮せずにその意図するところを特定するのは困難である。文脈はバックグラウンド・ミュージックのように意識されないこともあるが，文脈によって大きく影響されることもある。葬儀における話し方とパーティにおける話し方が異なるのは文脈の影響である。

⑩その他の要素

モデルに示されないが，コミュニケーションに影響する要素が他にも多数ある。たとえば送り手と受け手は各々いろんな経験，価値観，態度，パーソナリティ等々の持ち主である。それらはメッセージの内容，使われることばの選択，メッセージの理解と解釈などに強く影響する。

2章
知覚とコミュニケーション

1. 知覚過程

　1章のコミュニケーション・モデルで明らかなように，送り手の発したメッセージはチャネルを媒体として受け手に届けられる。受け手はそれを知覚（perception）するところから対人コミュニケーションが始まる。知覚する能力はコミュニケーションにとって必須である。知覚とは外界にある対象や出来事に気づき，それらと自分の差を認識する過程である。気づきによってのみ対象や出来事は私たちの中に存在する。いわば「あちら側」から「こちら側」へ変換することである。変換能力が知覚する能力である。

　知覚は感覚（sensation）から始まる。感覚とは外的刺激を眼や耳など感覚器官を通して受容することである。「あちら側」の世界についての知識は視覚，聴覚，触覚，味覚などのチャネルを通して獲得したものである。しかし感覚できるのはある範囲の刺激に限られている。それは閾（threshold）や弁別閾（difference threshold）など精神物理学の諸概念によって説明されてきた。私たちの感覚神経は限界があり，すべてを見たり，聞いたりできない。しかも感覚できても知覚できる範囲はさらに限られている。受容器が受けた刺激はインパルスとして神経を伝わり，脳中枢に興奮をもたらしてはじめて知覚が成立するが，刺激が弱ければ脳へ到着するまでに消失してしまう。この場合，感覚は起こったが，知覚は起こらなかったことになる。

1　注意

　感覚・知覚できる刺激に限度はあるが，それでも広範囲の刺激があり，それ

らをさらに注意（attention）というメカニズムによって濾過（filtering）し，必要な刺激，都合のよい刺激のみを受容する。カクテルパーティ効果（cocktail-party effect）として知られた現象を考えてみよう。パーティのように多数の人が集まって話す騒々しい場面で，物理的音量が小さいにもかかわらず，注意を向けることによって相手の話を聞き取れる。注意を向けていなくても，自分の名前が出てきたりすると，突然にそれまで騒音でしかなかったものがある意味をもって聞こえてくるような現象である。日常的には「集中しなさい」といったいい方で，注意を喚起し，焦点化をはかっている。

多くの要因が注意に影響する。物理的には刺激の強度，コントラスト，反復などである。騒音の激しい電車の中で，突然に悲鳴が聞こえたら，私たちはその方に注意を奪われるであろう。刺激の強度とコントラストの効果である。繰り返し悲鳴が聞こえれば私たちの注意はさらにその方に向かうであろう。これらの物理的要因に加えて，要求，期待や動機のような心理的要因が注意に影響する。このようにあってほしいという要求や期待をもっていると，そのように見えたり，聞こえたりする。目撃証言の危うさの一因はここにある。図2－1はクリスマス前後のサンタクロースの描画比較である。クリスマスを楽しみに待つ子どもの心がサンタクロースの大きさに表れている。

さらに注意は動揺する。会議が長引いてデートの時間に近づけば，注意は会議とデートの間を漂流し始める。これは心理的要因による注意の動揺であるが，図2－2にある図と地の反転図形はよく知られた知覚的注意の動揺例である。

また一部の刺激のみを選択的に知覚する，あるいは歪めて知覚したり，意味づけたりするのを選択的知覚（selective perception）という。選択的知覚もまた外部刺激の構造要因と，過去経験や動機あるいは文化など個体内部の要因によって起こる。

2　協同

私たちは多くのチャネルをもっており，一つの出来事は複数のチャネルを経由して感受される。感覚器は起こっている事柄を総合的に印象形成するために協同的に働かなくてはならない。たとえば魅力的なレストランでは静かな音楽が流れ，落ち着いた照明と調度品で，ゆったりとした時間が流れている。料理

知覚とコミュニケーション　　　　　　　　　　15

図2-1　クリスマス前後の子どものサンタクロース描画比較
　クリスマス直前は大きく描かれている。(Solley et al., 1951. 村田, 1987, p.91)

 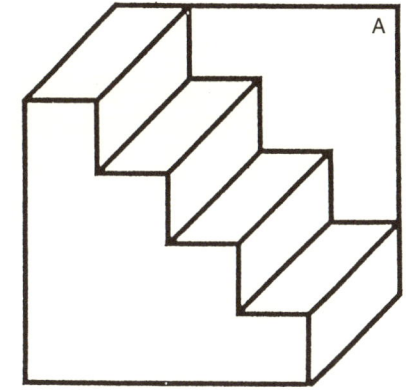

図2-2　図と地の反転図形　(1)はルビンの反転図形。左右相称の杯または互いに向き合った顔に見える。(2)はシュレーダーの階段と呼ばれる奥行き反転図形で、コーナー A は背面の壁面の一部または前面の壁面の一部になる。(Attneave, 1975. 本明, 1975, p.62, p.67)

の味はすばらしく，しかもしゃれた食器に盛られている。隅々まで行き届いたもてなしを感じる。そこでは視覚，聴覚，味覚などそれぞれの感覚器から入ってきた刺激が総合的効果をもっている。

　刺激の協同はノンバーバルな手がかりがバーバルな手がかりと対立したときに重要であることがわかる。「彼はなかなかの人格者だと思う」といいながらその表情がいかがわしく歪んでいたとしよう。すでに触れたように，異様な表情が発言の真の意味を伝えている。このように，知覚はコミュニケーションのいろんなチャネルの協同によって影響される。

3　解釈

　同じ出来事も人によって異なった意味をもつ。解釈は意味づけに別々の準拠枠（frame of reference）を採用することを示している。準拠枠とは解釈の枠組みあるいは規準である。どのように解釈するか，解釈の枠組みは当人がもつ価値観や態度などさまざまな心理機制によって異なる。たとえば同じドラマを見て感動しても，ある人は俳優の優れた演技に感動し，別の人はそこで主張されている思想に感動し，さらに別の人は演出のすばらしさに動かされるかもしれない。演技者としての準拠枠をもつ人，思想家としての準拠枠をもつ人，さらに演出家としての準拠枠をもつ人とはそれぞれ解釈の枠組みが異なるからである。自分がすばらしいと思っても，他人はどのように感じているかわからないのである。しかし私たちは往々にして自分がすばらしいと思ったら，他人も同様に感じていると考えがちである。送り手は受け手が別の世界に住んでいることを知らねばならない。コミュニケーターとして自分の解釈と他人の解釈に違いが生じる可能性を常に考慮に入れておかねばならない。わかってくれないという悩みは多くの場合，自分本位の準拠枠によるのである。

　確かに私たちは別人であるが，しかし多くの経験を共有していることも事実である。したがって多様な準拠枠がコミュニケーションを不可能にすると断定するのは誤りである。共有した多くの経験は解釈の基礎に十分な共通性をもたらす。交通渋滞に巻き込まれたときの不快感は類似しているし，宝くじに当たったときのうれしさも類似しているであろう。要するに問題は類似の経験をもっていないにもかかわらず，もっていると仮定したときに起こってくる。海外

旅行をして，自分流が通じないと感じたり，反対にどこの人間も同じだと感じたりする異文化体験は，その間の事情を物語っている。

2．コミュニケーションの基礎（1）

知覚は私たちが対象や出来事に気づくようになる過程であるが，知覚過程はまた自己にも関係する。自分自身をどのように知覚するか，自分自身をどのように評価するかはコミュニケーションの基礎である。自分自身がどのような人間であると考えるかは，何をどのように話すか，あるいは他人が送るメッセージをどのように解釈するかの準拠枠を提供する。ここではコミュニケーションの基礎を構成する自己，過去経験，他者について考える。

1　自己

「あなたは誰？」と問われたときに，「私は~のような人間です」と，自分自身について，その身体的特徴から始まって，能力，性格，価値観，あるいは所属や地位などを語るとき，これをその人の自己概念（self concept）という。自己概念は比較的持続的な，自分に対してもっている概念のことである。

「私は~のような人間です」というとき，「私」も「~のような人間」もどちらも私自身のことである。ジェームズ（James, 1890）は前者を「知る自分」，後者を「知られる自分」と考えた。そして「知る自分」を主我（主体的自己，I），「知られる自分」を客我（客体的自己，me）と分類した。前者は意識の流れで実態ではなく過程であり，後者は「人が自分のものと呼ぶことのできるすべての総和」（James, 1890）で，物質的自己，社会的自己，精神的自己に区分される。

「私は誰？」というとき，私が考える自己の他に，「私は他人からおとなしい人間だと思われているようだ」というように，他人の目を通して，あるいは他人の評価を想像して自己を語ることもある。自分が他人にどのように思われているか，どのように評価されているかがフィードバックされ，それが私の中にある種の自己感情を喚起し，自己意識の形成に影響する。このように他者が自己を映す鏡の役割を果たすところから，クーリー（Cooley, 1902）はそれを鏡

映的自己（looking-glass self）と呼んだ。

　クーリーと同様，自己概念の形成に他者存在が重要であると考えたのはミード（Mead, 1934）である。彼は他者とのシンボリックな相互作用を通して他者の意図，態度あるいは期待などを取り入れ，また他者の役割を取得するところから自己が形成されると考えた。彼は特にこれを社会的自己（social me）と呼び，自己概念が社会的，文化的所産であるとした。

2　過去経験

　過去経験はコミュニケーションのもう一つの基礎である。私たちの感情や観念は外界との長期にわたる接触を通してできあがる。全く経験したことのない新しい場面でさえ，過去経験はそこで私たちがどのように感じるか，どのように考えるかに影響する。過去経験をどのように知覚するかによって私たちのコミュニケーション行動は異なってくる。

　たとえば「口は禍の門」といったことわざがある。うっかり吐いた言葉から禍を招くことがあるから言葉を慎むべきである，という戒めの意味である（広辞苑）。何気なくいったことばから苦い経験をした人は，それを肝に銘じて以降は何事を話すにも慎重になる。この種のことわざは多い。一度してしまったことは元に戻らないことを意味する「覆水盆に返らず」もそうである。こうした過去経験はその後の言動を慎重にさせる。「後悔先に立たず」もそうである。その結果，曖昧で不安げな物言いに終始することになる。もちろん失敗しても一向に変わらない人もいる。いつまでも舌禍を招く人もいる。過去経験をどのように知覚するかはその後のコミュニケーション行動に大いに影響するということである。

　社会化（socialization）は他の人々との相互作用を経て，所属する社会や集団の中で生活していくにふさわしい行動を身につけ，規範を内面化していくことをいうが，社会化とはすなわち過去経験の積み重ねである。過去経験とはいうまでもなく学習過程である。発達といわれることもある。コミュニケーションは過去に経験した事柄の記憶や価値観にもとづいている。

　過去経験はまた期待に影響する。その期待が破られてまた新しい期待が形成される。たとえば持ち合わせがないからとお金を借りた友人が，いつまでたっ

ても返さない。すると貸し手の側にあの人は借りたものを返さない人だというネガティブな期待ができあがる。そして次回は頼まれてもお金を貸すことはなくなるだろう。過去経験は将来につながるということでもある。

3　他者

　コミュニケーションの第3の基礎は他者に対する知覚である。コミュニケーションをする上で，他の人々の影響がいかに重要かはどれほど強調してもしすぎることはない。教室でいい加減な学生の受講態度を見て，話題を変え，話し方を変える教授もいれば，そんな学生を叱責する教授もいる。あるいは学生の態度にお構いなしに自分の関心にしたがって講義を続ける教授もいる。学生をどのように知覚するかが教授のコミュニケーション行動を左右する。もちろん教室でのコミュニケーションは教授と学生の協同作業であるから，学生に対する教授の知覚と同様に，学生が教授をどのように知覚するかも重要である。いい加減な受講態度が教授の話の内容に興味がもてないためか，教授の話し方が単調で退屈なためか，あるいは教授とは関係なく，昼食直前の授業で，心ここにあらずなのかもしれない。すなわちコミュニケーションの基礎をなす他者とは，話し手に対する聞き手だけでなく，聞き手に対する話し手もまた他者となるということである。話し手の信憑性がもたらす説得効果（10章参照）などは，聞き手が話し手をどのように知覚するかによってコミュニケーション効果が影響されることを示唆している。

　他者の存在が判断に影響する古典的研究にシェリフ（Sherif, 1935）の自動運動現象実験がある。暗室で光点がどれほど移動したかを個人事態と集団事態で報告させた。その結果，集団状況で判断することによって自動運動量に関する判断が集団の規範に接近した。彼の研究は集団規範の最初の研究として知られるが，他者の存在が知覚にいかに影響するかが明らかである（7章参照）。

　さらに，他者に対する知覚は直接コミュニケーション場面に参画していない人によっても影響される。たとえば私たちは何らかの準拠集団をもっている。準拠集団（reference　group）とは心理的に自己を関係づけ，行動や態度あるいは判断の拠り所としているような集団のことである。準拠枠を提供する集団のことである。メンバーシップをもつ集団（家族，所属大学など）であるとか，

メンバーシップをもちたいと思う集団（専門家組織）などである。私たちはそこから目標や価値を引き出す。こうした準拠集団のメンバーはそこに実際に存在していなくとも，他者知覚に影響し，コミュニケーションに影響する。両親から厳格なしつけを受けた子どもは，もはやそこに両親がいない場面でも両親から受けた教えや価値観がその後の判断基準として生き続けるであろう。

3．コミュニケーションの基礎（2）

　コミュニケーションは人間の行為であるから，そこにはかならず理性と情緒（感情）が絡む。理性と情緒はコミュニケーション活動を支える。反対に理性と情緒の故にコミュニケーションが崩壊することもある。理性と情緒はいわばコミュニケーションの第2の基礎である。

1　理性

　優れたコミュニケーション活動に理性は欠くことができない。話し手としての理性の力はいろんな理由で重要である。理性は話し手とその課題，それらが聞き手とどのような関係にあるかに気づかせてくれる。その理解なしには興味あるコミュニケーションは困難である。たとえば話し手が楽しかった旅の話をするとしよう。そこで考慮することは旅行中にあった多くの出来事から何を話すべきか，何が聞き手の関心と結びつくか，またその状況にどんな話題が適しているか等々である。訪問地が聞き手の故郷であれば，誰と行ったかよりも，そこでの風物や出会った人々について，また歴史に興味がある聞き手であれば，そこから出た歴史上の人物について話したいと思うであろう。しかし同行したのが聞き手の旧知の友人であれば，誰と行ったかが話題に選ばれるかもしれない。それらはすべて話し手の理性が決定する事柄である。話し手に理性的な考慮がなければ円滑で，継続的なコミュニケーションは行われない。

　また理性は話し手の考えを聞き手に受け入れさせるのに必要である。話し手が自分を聞き手に受け入れてもらいたいと思うならば，それは聞き手が納得のいくものでなければならない。聞き手に信頼されようと思うのであれば，明晰な理性が必要である。たとえば販売員が自社製品を買ってほしいと思うならば，

それを購入することによって聞き手にどんなメリットがあるか納得のいく説明が必要であろう。場合によれば自社製品の弱点について話すことが必要かもしれない。それを隠しては聞き手に疑念を喚起するだろう。そこでは冷静な判断が要求される。適切で十分根拠のある理由を示すことが聞き手を説得することになる。

　理性はまた聞き手にとっても重要である。私たちは聞くときに理性の力を活用しなければ，悪意のある巧妙な話し手に容易にだまされることになる。理性を働かせてもなおその上を行く詐欺師のために，多くの被害が連日のように報道されている。

　さらに私たちは話される事柄の何が重要か，どのように反応すべきかなどについて，聞き手として多くの決定をしなければならない。すぐれた決定をするためには理性的でなければならない。話し手は本当に何がいいたいのか，どのような気持ちで話しているのか，それに対してどのように反応すべきかなどを適切に推理することを期待されているにもかかわらず，理性を十分に生かすことなく表面的な理解，その場限りの受け答えに終始し，後悔したことがどれほどあっただろうか。

2　情緒

　コミュニケーション活動は思考過程と情緒の両方に関係している故に，理性について理解するのと同様に，情緒について理解するのが重要である。ことばはさまざまな感情や情緒反応を生み出す。そうでなければ，ことばによるののしりや侮辱あるいは皮肉等々によって傷つくことはないだろうし，歌詞や詩によって動かされることもないだろう。話し手は意図的に情緒反応を惹き起こそうとするのでない限り，相手の立場に立って自分のことばがどのような反応を喚起するかを考える必要がある。

　また上述のように，円滑なコミュニケーションにとって必須である理性さえも，情緒によって影響される。両者は相互に影響しあう関係にある。冷静さを求められるコミュニケーション行動が情緒によって攪乱され，判断を誤り，思わぬことを口走ってしまうこともある。

　ブリッジズ（Bridges, 1932）によれば，こうした情緒は出生時の興奮に始ま

って，急速に多様な情緒に分化する。情緒はすでに2歳で恐れ，嫌悪，怒り，嫉妬，不快，興奮，快，喜び，得意，大人への愛情，子どもへの愛情などに分化するという。図2－3はプルチック（Plutchik, 1962）による情緒の立体的モデルである。このように，コミュニケーション行動に影響する情緒は多様である。

情緒の特質は，①情緒は方向をもっている，②情緒は強度が異なる，③情緒は原因をもっている，である。情緒の方向とは話題が肯定的，中立的，否定的情緒反応を引き起こすという意味である。同一刺激に対しても個人によって反応は異なる。「先生」ということばが必ずしも肯定的感情を喚起するものでないことは周知のところである。「先生」によって，尊敬することもできれば，揶揄することもできる。「先生」と呼ばれて肯定的感情を起こしたり，否定的感情を起こしたりする。喚起する情緒に個人差は大きいが，コミュニケーターとしては社会的に共有された情緒反応が多数あることも知らねばならない。たとえば私たちの母親に対する感情は類似しているし，のろのろ運転の車内に閉じこめられ，いらいらしながら時計とにらめっこするときの腹立たしい感情も共有している。情緒の強さは，アンケートに答えるときの強くそう思うからどちらでもないを経て，強くそう思わないまでの選択肢に明らかである。フリーターのような働き方に強く反対する人は強く否定的であるのに対して，若者の新しいライフスタイルだと，賛成はしないが，それほど反対でもないという人

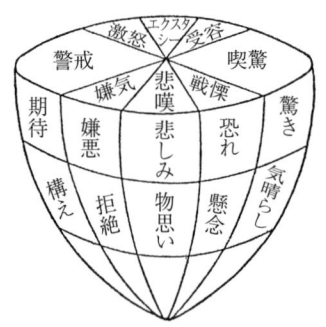

図2－3　**情緒の3次元立体モデル**　情緒の強度差を示すモデルで，たとえば喪失にともなう情緒は悲嘆から悲しみ，物思いと弱くなる。最下部は深い睡眠状態である。（Plutchik, 1962. 足立ほか，1985, p.247）

の情緒反応は中立的で，それほど強くはない。また情緒反応の原因について理解することも必要である。情緒反応は反射活動ではない。たとえ原因を明確に述べることができなくても，情緒反応には必ず原因がある。情緒反応の深層にある原因を理性的に見いだすことはコミュニケーションにおいて極めて重要である。「この人の攻撃的反応には困ったものだ」というだけでなく，「この人はこの話題になるといつも攻撃的になるのはなぜか」と考えながらコミュニケートすることで，コミュニケーションは一層深く，配慮に富んだものとなる。不必要な争いを回避することもできる。

3章
スピーキングとリスニング

　これまでコミュニケーション過程に関与するさまざまな要因についてみてきた。コミュニケーションの形態は多様であるが，その原型はオーラル・コミュニケーションにある。オーラル・コミュニケーションは知覚過程を媒体としてスピーキングとリスニングからなる。効果的なコミュニケーションにとってスピーキングとリスニングはいずれも欠くことのできない能力である。しかし従来どちらかといえば，発信する側に立つスピーキング能力が注目を集め，受信する側のリスニング能力は軽視されてきたのではないだろうか。円滑な人間関係にとってスピーキングもさることながら，リスニングの重要性に留意する必要があるのではないだろうか。カウンセラー養成といった特定の目的でコミュニケーション能力を訓練する場では積極的傾聴のスキルなどを学ぶが，一般的には，人前で上手に話す方法，相手に受け入れられる話し方など，話し方教室の看板は目にするが，正しく聞く方法，聞き上手になるためになどを掲げた聴き方教室は見あたらない。ビジネスの世界ではセールス・トークの講座は多いが，セールスのためのリスニング講座などとんと聞かない。リスニングは単に受け身の姿勢で成り立つものではない。コミュニケーションは実はリスニングに始まるといって過言ではないのではないか。本章ではリスニングを中心に考えていく。

1．知覚とリスニング

　リスニングはスピーキングと同様，知覚と密接に結びついている。図3－1に示すように，リスニング過程は聞くこと，選択すること，考えることの3つ

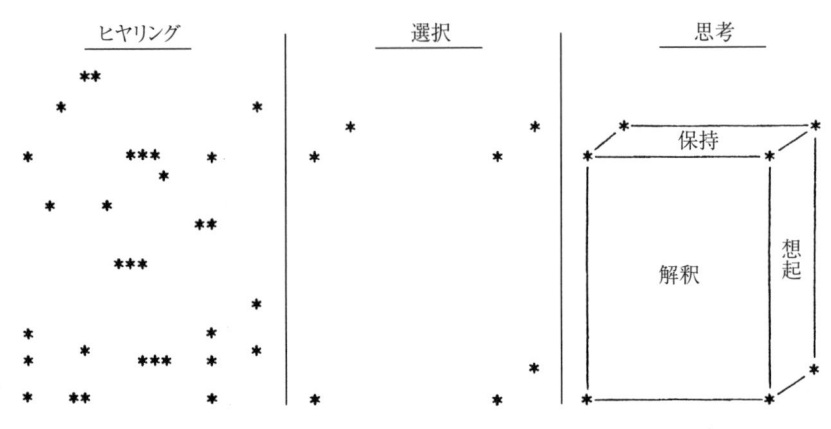

図3-1　リスニング・プロセス（Benjamin, 1986, 訳書, p.36）

の過程を含んでいる。

1　ヒヤリングとリスニング

　リスニングとヒヤリングは関連しているが，同じ過程ではない。ヒヤリングは音を感覚する物理的過程である。物理的過程としてのヒヤリングは聴覚器官を刺激する音波の物理的作用による。これはすでに2章で触れた。一方，リスニングは心理的プロセスである。心理的プロセスは物理的プロセスを越える。感覚器官だけでなく，意識に関係している。リスニングは感覚し，選択し，解釈し，保持し，想起することに関係している。

2　選択とリスニング

　知覚のところで述べたように，私たちをとりまくすべての刺激を受け入れることはできない。限られた刺激のみを感受し，他は濾過しているのである。注意する音だけを選んでいるのである。図3-1の星印で示された知覚可能なすべての刺激の中でいくつかの刺激のみ選んで注意を払う。明らかにリスニングは自動的になされるのではない。私たちは聴くために選んでいるのである。濾過するためのフィルターを備えている。
　それではフィルターをくぐり抜けてくるメッセージとはどのような性格のものか。第1は適度な新奇性である。私たちの好奇心は旺盛である。常に目新し

いものを追いかける。たとえ陳腐なものであっても，新しく，目を引く表現によって注意を喚起される。テレビのコマーシャル，スポーツ紙の記事はいかに読者の目を引くかに腐心する。好奇心は内発的動機づけの源泉である。

第2は興味である。私たちは興味あるメッセージには注意を払うが，退屈なメッセージは見向きもせずに切り捨てる。空論だと思われる話であっても，ひょっとしたら近い将来，自分自身に起こるかもしれないと思わせることによって当事者意識を呼び起こすならば，学生は教授の話に耳を傾ける。興味は動機づけの重要な要因である。学習や探索行動を引き起こす。興味あるものはフィルターを通り抜けてくる。

第3は適度の容易さもしくは快適さである。聞き手はあまりに努力を要する困難なことは回避する傾向がある。集中を継続させなければならないようなあまりに難解な話は，途中で聞く努力をやめてしまう。たとえ聞いているふりをしていても，もはや聴いてはおらず，音だけが聞こえてくるだけという経験を誰もがもっている。しかしここでも適度の容易さが重要で，あまりに容易なこともまた関心を呼ばない。内発的動機づけにおいて指摘される最適水準の不適合である（Deci, 1975)。不適合に遭遇したときにそれを解消すべく動機づけられるのである。刺激のないのが快適なのではない。

3　思考とリスニング

リスニング過程の最終段階は複雑な思考過程である。ここでは選択的に聞いたものを解釈し，保持し，探索し，想起し，再生することなどに関係している。

すでに述べたように，私たちの解釈はすでにもっている準拠枠に当てはめて行われる。準拠枠は認知的領域と情緒的領域からなる。私たちは聞いたことばを大脳においてさまざまな角度から情報処理する。知ること，思い出すこと，考えることなどは認知的領域で行われる複雑な過程である。リスニングし，選択した音を組み合わせ，それらにいろんな意味を与える。同じことばでも状況に応じて異なった解釈をする。たとえばある文脈で聞くことばが別の文脈で聞くことばと同じであっても，私たちはそれらに異なった意味を与えることがある。その差は私たちがもつそれらの文脈に対する認知的準拠枠が異なるからである。意味の与え方は各人各様であるが，それは個々人がもつ準拠枠が異なる

からである。たとえば自社の不正を「内部告発する社員」とはどんな社員か考えてみよう。健全な市民として勇気ある正義感に満ちた社員と考えるか，自社の仲間を路頭に迷わせる裏切り者と考えるか，あるいは雇用契約を守らない違反者と考えるかである。

　感情的または情緒的領域もまた解釈に影響する。私たちはしばしば聞きたいことだけを聞く。選択的知覚ですでに明らかなように，私たちの願望や好き嫌いなど，目に見えない部分が時には自分さえも気づかないうちに解釈に介入する。「なかなか上手ですね」とほめられても，嫌いな人からいわれたら，素直にほめことばとして受け取らず，皮肉な嫌みと解釈するかもしれない。フロイト（Freud）が紹介するさまざまなエピソードは無意識の世界にある隠された欲求が認知や解釈を歪めることを示唆している。

　解釈はまた構造化とも結びついている。私たちは聞くときにはパターンを探し，聞いた事柄を自動的にパターンに当てはめて解釈する。図3－2は古典的な知覚の例である。3組の点線からなる図を円，正方形，星と「見る」。また図3－3にあるように，THE CAT と読んで，同じ絵柄を最初はHと考え，後

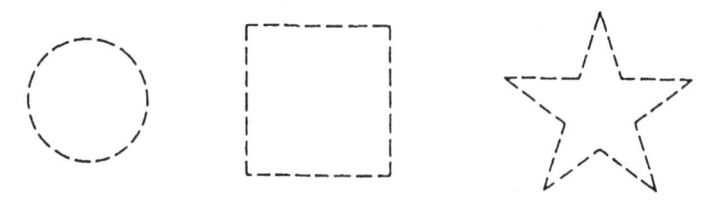

図3－2　まとまりの知覚　点線のあつまりを円，正方形，星に構造化して見る。(Benjamin, 1986, 訳書, p.39)

図3－3　文字認知の文脈効果　同じHであってもTとEの間にあるときはHとして，CとTの間にあるときはAと見る。文脈から精神的に文字を作り上げる。(Selfridge, 1955, 西川, 1978, p.35)

の絵柄をAと考える。知覚する事柄によいまとまりの構造を与えるから，精神的に絵や文字を完成することになる。

2．リスニング・エラー

　人間のすることに完全はない。当然，完璧なリスニングもない。リスニング・エラーはある時は無意識的に，またあるときは故意に生み出される。コミュニケーションにエラーはつきものである。コミュニケーション・エラーに伴う人間関係のひずみは枚挙にいとまがない。いずれにしても聞き手はいくつかのリスニング・エラーの起こり方に親しんでおくのがよい。

1　ヒヤリングにともなうエラー

　ヒヤリングはリスニングの基礎である。もし聞き手がヒヤリングできなければ選択や思考というリスニング過程の残りの部分は起こりえない。身体的側面と結びついたヒヤリング・エラーはヒヤリング機構のどこかで起こった身体的な損傷によるものである。この場合は医師などによる適正な診断と治療が必要になる。場合によっては補聴器などの補助器具が必要になるかもしれない。聞き手がそれまでになし得ることは過大な騒音にさらされないことである。
　第2のヒヤリング・エラーの原因は話し手と聞き手のコントロール下にある。話し手の声があまりにソフトであったり，競合するノイズがあったり，部屋の音響効果が悪いために聞き取れない場合などである。この場合は，聞き手がその旨，話し手にフィードバックするか，近くに寄って話し手が送るメッセージに集中し，話し手に適応することである。要するに，スムーズなコミュニケーションが可能なように環境を整えることによってヒヤリング・エラーを回避することができる。

2　選択にともなうエラー

　私たちはなぜ，あるメッセージには注意を払うが，他のメッセージには注意を払わないのであろうか。そもそも選択そのものがリスニング・エラーを生み出すメカニズムであるが，ベンジャミン（Benjamin, 1986）は選択にともなう

リスニング・エラーは次の4点に起因すると述べている。すなわち第1は話を聞く前から話される主題を興味のないものと決めつけたり，適切に聞く準備をしないことである。有能な聞き手はあらかじめ主題を見逃すのではなく，意図的に興味の範囲を引き延ばし広げようとする。興味はないかもしれないが，そのうちのどこかに注目して話し手の主題に順応することである。

第2は心を漂流させることである。話し手の熱心な，しかし一方的な話しぶりに，聞き手は最初は頷いたり，相づちを打って調子を合わせるが，モノローグのように話し手と聞き手の間にキャッチボールのないコミュニケーションになると，やがて気を散らすことの方がメッセージの内容よりも興味深いものになる。元来，人間の注意というのは注意の動揺（fluctuation of attention）が示すように，連続的に注意を集中することは困難である。しかし動揺が漂流となれば，話し手は聞き手の意識から遠ざかってしまう。こうしたリスニング・エラーを回避するためには，聞き手は意識的に注意を集中して，全エネルギーでもって精神的散漫に抵抗する努力が必要である。

第3はメッセージの内容ではなく話し方に批判的になることである。話し手がどれほど価値ある情報を提供していても，私たちは情報の本質ではなく，話し方に焦点を合わせてしまう。話し手の声の質は意図的に作った声を出すのでなければ，本人でさえどうしようもない。しかし私たちにはあの人の声は嫌いという場合がある。ソフトな声から金属質の声までさまざまである。嫌いだと思っていると意識は一層そこに向いてとらわれる。そうなれば話し手のメッセージの内容はおろそかになり，嫌な声だけに焦点が合ってしまって，遂に話し手が何を話したかを理解することなく終わってしまう。声だけではない。最近よく話題になる例をあげれば，疑問形でないのに文末をあげる話し方，「〜ないじゃないですか」と何気ない会話に頻発される挑戦的な物言い，レストランで「〜でよろしかったでしょうか」とすべてが過去形で話されて違和感をもってしまうなど，とらわれ始めるとメッセージの内容の理解などはるか彼方にかすんでしまう。ここでも意識してメッセージの内容に注意を集中してメッセージを分析し，評価することに努力する必要がある。できるだけ話し方を無視し，あるいはメッセージは別のソースからきていると想像するのである。よい聞き手には寛容さが不可欠である。

第4は疑似リスニング，あるいは見せかけのリスニングをすることである。すでに心の漂流で述べたように，私たちの心は実際には話し手やメッセージにはないにもかかわらず，微笑んだり，うなずいたりしてリスニングのポーズをする。疑似リスニングとか見せかけのリスニングは，結果として何もなされなかったということである。話し手も聞き手もそれぞれ時間の浪費をしているのである。疑似リスニングは私たちを礼儀正しく見せるが，効果的なリスニングのためには内容に没入しなければならない。こうしたリスニング・エラーを回避するためには，聞き手による積極的な関与という誠実さが求められる。身体の参加ととともに大脳の参加が求められる。

3　解釈にともなうエラー

　解釈は認知を必要とし，情緒とも関係する。解釈にともなうエラーはこうした解釈の各側面とつながっている。解釈の認知的側面と結びついたエラーは話し手によって用いられたことばを聞き手が理解していないということである。聞き手の側に該当することばがないような概念で満たされた話は，聞き手を欲求不満におちいらせる。得意顔で話す教授の話も専門家が聞けば興味ある話になるかもしれないが，その領域の予備知識をもたない学生には，たとえ日本語による講義であっても，外国語で話されているのと同様に意味をなさないものになってしまう。聞き手が話し手に追随するだけの十分な語彙をもっていないときには，いつでもリスニング・エラーが発生する可能性がある。

　これを回避するには，聞き手が解釈する意味が少なくとも話し手が意図した意味と近いかどうかを確認することである。すでに述べたフィードバックはそのための手段として有効である。話し手からは確認というフィードバックを求め，聞き手からは質問というフィードバックをするのに躊躇すべきでない。特に質問は有効なフィードバックである。聞き手から発する質問の原則は，くだらない回答はあるかもしれないが，愚かな質問はないということである。さらに認知的エラーを回避する方法は，いうまでもなく聞き手の語彙力を増すこと，そして話し手のことばの前後関係にある手がかりを注意深く聞くことによって意図された意味の解釈を補助することである。

　もう一つの解釈にともなうエラーは情緒と結びついている。私たちは人を怒

らせたり，傷つけたり，感情的にならせることばを多数もっている。そのようなことばは理性ではなく，感情の座に短絡する。しかも難しいのは，同じことばでも状況によってカチンときたり，こなかったりする。話し手はこの状況で，このことばを使ったら聞き手はどうするかを想像すべきである。笑ってやり過ごすか，すぐさま損害を見積もり復習を企てるかである。私たちはそれを想像しない話し手にどれほど出くわしてきたことか。そのような状況に陥ったら，聞き手の注意はメッセージからはるか遠くにそれてしまう。

こうした情緒と結びついたリスニング・エラーを回避するには，聞き手は話し手が話し終わるまでとにかく判断を保留することである。短絡的に反応するのではなく，待つことによってのみリスニング・エラーを回避できる。「売りことばに買いことば」に見られるような短絡反応は決してよい結果をもたらさない。また話し手からはすでに述べたように相手を知る必要がある。いわずもがなのことをいってコミュニケーションを破壊するのは得策でない。挑発が目的でなければ，そのようなリスクは避けるべきである。聞き手に対する配慮は，話し手の必要条件である。コミュニケーションは協同作業であることを忘れてはならない。

その他，構造化と結びついたリスニング・エラーもある。私たちは受け取ったメッセージを構造化する。情報の棚に整理する。構造化のないメッセージは無秩序と混乱でしかない。効果的なリスニングとは整然とメッセージが整理され，収められたものを必要に応じていつでも取り出せるということである。それができなければリスニングできたとはいえない。しかし反対に過剰構造化もまたエネルギーの浪費となり，秩序を作り出すのに夢中になってメッセージの重要部分を見逃してしまう。講義で話されたことをすべてノートしようとしたり，ノートの整理に縛られて形式を整えることを優先課題としたのではリスニングの目標を見失う。本末転倒である。要は必要なときに必要なだけの構造を与えることである。

3．スピーキング・エラー

リスニング・エラーに加えて，話し手と結びついたエラーがスピーキング・

エラーである。ベンジャミン（Benjamin, 1986）によれば，スピーキング・エラーは3つのエラーに起因する：データ・エラー，話し方エラー，順応の失敗。

1 データ・エラー

　データ・エラーの起こり方にもいろいろある。たとえば話し手と聞き手の間に問題があって起こるのではなく，話し手が事実とか情報を誤解することから起こるエラーである。たとえば話し手が噂を真実と受け取り，データとして用いればその結果は悲惨である。話し手に悪意がなくても，噂を事実と考え，データとして用いることによってそれが一人歩きし，時には冤罪を生み出すこともある。

　また急速に変化する時代にあって，話し手が使うデータが時代遅れのときもある。以前は正しいデータであったかもしれないが，もはや現実と一致しなくなっているのを気づかずに使うために起こるエラーである。あるいは共通の価値観ではなく，ある特定の価値観にもとづいたデータを使うために起こるエラーもある。話し手は誰もが受け入れ可能で，適正なデータと考えるかもしれないが，実はそれはある特定の価値観にもとづいている場合がある。たとえばある状況でさまざまな経済予測がなされる。しかし結果的に，客観性をもっていると信じていたデータが，自己の価値観にもとづいて取捨選択したデータであったと判明することなどがある。

　聞き手の解釈によって起こるリスニング・エラーについては上述したが，話し手の解釈によって起こるエラーはスピーキング・エラーである。それは話し手の不適切な推理による。たとえばある店のいくつかの商品の値段が安いとその店の商品すべてが安いと推論し，それを他の人に伝えるとしよう。実際にすべてが安いかもしれないが，その推論が間違っている場合も決して珍しくない。なぜなら売り手は人集めの目玉商品を設定するのが通常だからである。あるいは競合店を視察して，その店の目玉商品に的を絞って安売りをしかけるかもしれない。そうした商品だけを見てこの店は安いと話すとき，誤った解釈，誤った一般化にもとづくデータ・エラーを犯したことになる。

　裏付けのない情緒的関与もデータ・エラーを引き起こす。推論の誤りは話し手の論理的思考の問題である。裏付けのない情緒的関与とは話し手がある点に

ついて過度に情緒的になってデータを誤解することである。たとえばお気に入りのブランド品を購入したとしよう。しかしそのブランドは決して品質を保証するものではない。しかしブランドに過度に関与したために品質までそれを敷衍してしまうとき，裏付けのない情緒的関与によってデータ・エラーを犯しているのである。話し手はデータを解釈するとき，すぐれた判断を曇らせる情緒を慎重に扱う必要がある。

2　話し方エラー

　話が聞き取れ，かつ明瞭であるのは話し方エラーを回避する上で絶対に必要なことであるが，聞き取りにくく，明瞭さに欠ける話し方エラーも多い。もっとも一般的な原因は，話し手の過度の緊張によるものである。不慣れな場面での緊張は誰もが経験することであるが，インフォーマルな場面でも神経質な人は失敗を恐れて緊張する。そうした緊張感は聞き手にも伝わり，困惑させる。たとえば就職面接場面を想像してみよう。入社したいという願望とは裏腹に，十分に自分を売り込めないばかりか，いわずもがなのことを言って，面接室を出てきて我に返って頭を抱えることも決してまれではない。そうした話し方エラーを回避するためには，あらかじめリラクゼーションをする訓練が必要かもしれない。またもし面接者が単にスクリーニングが目的ではなく，受験生のことをよく知りたいと思っているならば，話し手の緊張を察知した聞き手の配慮が必要になる。聞き手が差し出す援助の一言が話し手のエラーを軽減する効果は大きい。話し方エラーは話し手の問題であるが，聞き手の役割も重要である。

　話し方エラーの第2は，聞き手に対する順応の失敗である。相手かまわず叫ぶ場合はともかくとして，スピーチがある特定の聞き手に向けられている場合，話し手は聞き手に順応しなければならない。すべての話し手は，話す前も話しているときも，聞き手を常に頭の中に入れておかねばならない。他人に話しているのだということを忘れてはならない。話し手は，自分の話が適切な方向に向かって進んでいるかどうかを知るため，聞き手から発せられる微妙なフィードバック・サインに常に関心を払う必要がある。話し手は，自分が聞き手に順応するための正しい選択をしていなかったり，メッセージが聞き手にどのように聞こえているかを感知できなければ，そのコミュニケーションは惨めなもの

に終わる。いずれにしてもエラーのないスピーキングなどないが，コミュニケーションにおいて起こる多くの問題をできるだけ回避する努力を忘れてはならない。

4章
ノンバーバル・コミュニケーション

　冒頭で私たちのコミュニケーションはことばに限らないこと，ことばによらないノンバーバル・コミュニケーションがあることを指摘した。朝，近所の人に「お早うございます」といいながら，笑顔で会釈をするとき，私たちはバーバル・メッセージとノンバーバル・メッセージを組み合わせて発信しているのである。同じように「お早うございます」といいながら，しかし苦虫を噛みつぶしたような顔をしていれば，丁寧なバーバル・メッセージとは反対にノンバーバル・メッセージは不機嫌な感情を伝えている。大きなトランクをさげていれば，バーバル・メッセージを発しなくても遠くへ旅行に出かけるのだろうと推測される。そこで「ご旅行ですか」と問うと，「いいえ，借りたトランクを返すためにもっていくところです」といわれるかもしれない。ノンバーバル・メッセージもまた解釈されるということである。このようにバーバル・メッセージを発するときには必ずノンバーバル・メッセージをともなうが，ノンバーバル・メッセージの場合はバーバル・メッセージをともなわなくても，コミュニケーションは成立しうる。

　しかしノンバーバル・メッセージはバーバル・メッセージのように複雑で，抽象的な意味を伝達するには限界がある。両者は相互に絡み合い，補い合って私たちのコミュニケーションは成り立っているといえる。ノンバーバル・コミュニケーションについて説明するためにことばがなくてはならないし，またノンバーバルな世界なくしてはバーバルな世界は半減するだろう。たとえば日常の何気ない人間関係の中で，「先日，こんなに大きな魚を釣り上げましたよ」と得意げな表情と張りのある声で，両手をいっぱいに広げて大きさを視覚的，聴覚的に伝えるなど，バーバル・メッセージを補足し補強するノンバーバル・メ

ッセージがあってこそ，そこでの会話に臨場感があり，人間関係が生き生きとしたものになる。

　逃げた魚の大きさを誇示するなどは他愛ない話であるが，後述するように，「大いなる論争」として知られるアメリカ大統領選におけるケネディとニクソンの闘いになれば，バーバル・コミュニケーションとノンバーバル・コミュニケーションがもつ意味の重大さに驚かされる。

1. ノンバーバル・コミュニケーションの用途

　ノンバーバル・コミュニケーションにはさまざまな用途がある。その用途とは①繰り返し，②否認，③代用，④強調，⑤調整である（Benjamin, 1986）。

　繰り返しは，ノンバーバル・メッセージがバーバル・メッセージを繰り返すことをいう。たとえば「それで万事OKですね」といいながら親指と人差し指でいわゆるOKマークを作って相手に見せたり，反対に「駄目です」といって両手で×印を作ってみせるなどである。しかし反対にバーバル・メッセージをノンバーバル・メッセージが否認することもある。冒頭の例でも指摘したが，バーバル・メッセージとノンバーバル・メッセージが矛盾したときである。たとえば友人に自慢のレストランへ連れて行かれて「美味しいでしょう，いかがですか」と何度も同意を求められた場面を想像してみよう。自分の味覚にはあわないなと感じながらも，最初は「美味しいですね，なかなかのものですね」とバーバルに答え，ノンバーバルにも笑顔で応えていたものでも，何度もそれを催促されると思わず本音が表情に出て，バーバルには「美味しいですね」を続けながら，表情は次第にこわばってきた経験はないだろうか。表情と抑揚のないノンバーバル・メッセージは，バーバル・メッセージを否認しているのである。「いらっしゃいませ」「ありがとうございました」は販売員にとっては基本用語であるが，口ではそういいながら，しかし客と目をあわせることなく，またにこりともしないで無表情に計算するレジ係に出会うとき，私たちはもう二度とこの店なんかに来るものかと考えてしまう。このようにバーバル・メッセージとノンバーバル・メッセージが矛盾したとき，多くの場合，人はノンバーバル・メッセージを信じる傾向がある。なぜならバーバル・メッセージより

ノンバーバル・メッセージの方が，意図的に制御することが困難だからである。こうした矛盾したメッセージを二重拘束メッセージ（double-bind messages）というが，ベイアー（Beier, 1974）はこれを不一致（discordance）とよんで，2つの異なった情緒や感情を伝えようとすることの結果であるとしている。それがバーバル・メッセージとノンバーバル・メッセージに分離して出てくるのである。

　ノンバーバル・メッセージはバーバル・メッセージの代用ともなる。たとえば私たちが日常使うさまざまなサインがある。交通整理をする警官は進め，止まれなどをバーバル・メッセージの代用として使う。バーバル・メッセージを発することのできない競技場では，コーチは選手にサインを送ってさまざまな指示をする。

　ノンバーバル・コミュニケーションのもう一つの用途は強調である。気に入らない相手の目を凝視しながら「それはどういう意味ですか」と強い口調でいうとき，バーバル・メッセージが凝視と強い口調というノンバーバル・メッセージによって強調されたのである。調整もまたノンバーバル・コミュニケーションの重要な用途である。他人とのコミュニケーションの流れをスムーズに保つために，ノンバーバル・メッセージは会話の交通信号のような役割をする。頷いたり，首をかしげたり，視線を合わせたり，さまざまなノンバーバル・メッセージが話し手に急げとかゆっくりとか，時には止まれといった調整役を果たす。

2．ノンバーバル・コミュニケーションの分類

　バーバル・コミュニケーションにくらべ，ノンバーバル・コミュニケーションの世界は途方もなく大きい。バードウィステル（Birdwistell, 1970）によれば，「2者間の対話では，ことばによって伝えられるメッセージ（コミュニケーションの内容）は全体の35％に過ぎず，残りの65％は話しぶり，動作，ジェスチャー，相手との間のとり方など，ことば以外の手段によって伝えられる」という（Vargas, 1987, 訳書 p.15）。そのノンバーバル・コミュニケーション行動をナップ（Knapp, 1972）は次のように分類している。

①動作行動：ジェスチャー，身体や手足の動き，顔の表情，目の動き，姿勢など。

②身体特徴：体格または身体の形，全体的な魅力，体臭または口臭，身長，体重，頭髪，皮膚の色など。

③接触行動：なでること，打つこと，出会いや別れの挨拶，抱くこと，他の人の行動を導くことなど。

④パラ言語：声の質（声の高さ，声の高さやリズムのコントロールなど），音声化（笑い，泣くこと，ため息，あくびなど声を性格づけるもの），音声を修飾するもの（強さ，ピッチの高さ，長さなど），音声による分離（「あのー」「そうですよ」「ええーと」など）

⑤近接学：席の決め方，会話の際の距離，なわばり性など

⑥人工品：香水，衣類，口紅，眼鏡，かつらなど。

⑦環境要因：建築様式，室内装飾，照明，におい，色，温度，騒音，音楽など。

本章ではノンバーバル・コミュニケーションの諸領域のうち，動作学，近接学，パラ言語，人工品を取り上げる。

1　動作学（kinesics）

動作学とは動作，身振り，顔の表情など身体言語の研究領域である。バードウィステル（Birdwistell, 1970）は，動作行動で8種の異なった身体要素を列挙した。そして頭，顔，首，胴，肩－腕－手首，手，尻－関節－脚－足首，足，さらに顔だけで25万以上の表現が可能であると推測したという。本節では顔面表情，視線，姿勢・身振りについて考える。

①顔面表情

顔面表情は対人コミュニケーションでは極めて重要な道具である。私たちの感情は顔面表情にもっともよく表れる。それだけに顔面表情はノンバーバル・メッセージのもっとも一般的なチャネルとなる。たとえば，今ではすっかりなじみの薄れた正月の百人一首を見ると，その中に「忍ぶれど色に出にけりわが恋は物や思ふと人の問ふまで（平兼盛）」がある。隠していても恋心が思わず出てしまう様子がよくわかる。テレビ時代の今日，私たちはテレビの画面に登

場する人々の一瞬一瞬の表情から彼らの内面を推測する。彼らは無意識的に，時には意識的に喜怒哀楽の感情をあらわにする。時には得意げに，誇らしげに，また時にはうろたえ，当惑した感情が表出される。

それでは私たちは顔面表情から内面の感情をどれほど正確に読みとれるのだろうか。今風にいえば読心術の一つということになるが，この問題はダーウィン（Darwin, 1872）にはじまる表情研究の中でも長い歴史をもつ。ルクミック（Ruckmick, 1921）は演劇経験のある女性にさまざまな表情をさせ，その表情写真を刺激材料にした結果，愛，憎しみ，喜び，悲しみなど基本的情緒で被験者間の判断が一致しやすかったが，反発，驚き，不信，反抗など2次的情緒では不一致が多かった。その後，ウッドワース（Woodworth, 1938）は6カテゴリーからなる表情尺度を作成した（図4−1）。それを修正したのがシュロスバーグ（Schlosberg, 1952）で，P-U軸（Pleasant-Unpleasant）とA-R（Attention-

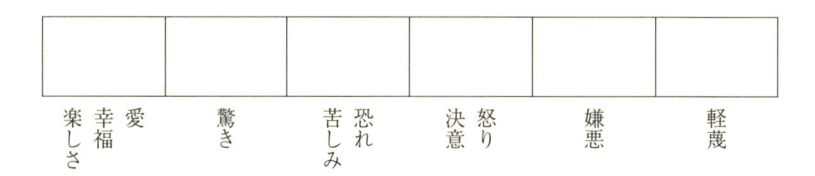

図4−1 ウッドワースの表情尺度（Woodworth, 1938, 瀬谷, 1977, p.20）

図4−2 シュロスバーグの表情認知の2次元尺度
（Schlosberg, 1952, 原田, 1999, p.26）

Rejection) が直交する円環モデルである (図 4 - 2)。ウッドワースとの違いは愛・幸福・喜びが軽蔑の表情と隣接する形になっていることである。その後，彼は第 3 軸として S-T (Sleep-Tension) を加え，3 次元空間モデルを展開した。

また顔面表情の表出における文化差を研究したのはエクマンとフリーセン (Ekman & Friesen, 1975) である。彼らによれば，恐怖，嫌悪，幸福，怒りといった基本的な情緒と表情はおおむね普遍的であった。また幸福，驚き，恐怖，怒り，嫌悪，悲しみの 6 感情がどのように顔面表情にあらわれるかを測定するための記号化法 FACS (the Facial Action Coding System) を開発した。さらに彼らによれば，私たちは顔面を制御するのに，実際に感じている感情の表出を微笑などで修飾したり，感情の表出に関与する顔の領域の数や持続時間などを調節したり，あるいは何も感じていないのにある感情を表出したり，反対に何も感じていないかのように振る舞ったり，また実際とは異なる感情の表情を表出することによって本当の感情を隠して偽装するなど，さまざまな方法を使うという。これらは誰もが思い当たることである。TPO を考えて顔面制御できることが，社会化の一つとして求められているのである。

②視線

顔で重要な役割をはたすのは目である。もちろん目は第一義的にはものを見るためにあるが，目がもつ役割はそれにとどまらない。野村 (1983) は視線の修辞学として，「われわれの社会には目に見えるが見てはいけないもの，見えないが目をこらして見なければいけないもの，見ても見えてはいけないものがある。(中略) 場面のなかで何をどのように見るかをひとつひとつ習い覚えなければならない。視覚は社会化されなければならないのである」(pp. 167-168) と述べている。したがって「社会生活の中では，見るということは感覚能力の問題であるよりもまなざしという「しぐさの修辞学」に属する問題であるといえる」(p. 168) という。だからこそ視線はノンバーバル・コミュニケーションの重要な道具となるのである。これは視線に限らない。顔面表情にしても同様で，腹が立ってもにこやかに微笑み，つまらない贈り物をもらってもうれしそうに満面笑みを浮かべて喜びを表さなければならないこともある。ちなみに井上 (1982) によれば，日本人はまなざしを避ける文化にあり，ラテン系，アラブ系の人々はまなざしを合わせる文化であるという。

話し手は特に聞き手の目の動きに鋭敏でなければならない。「目は心の窓」であり、心の中の思いが「目は口ほどにものを言う」ほどに表れるからである。目はノンバーバル・コミュニケーションの中でも特に重要な位置を占めてきた。たとえば目の働きはアイコンタクト（視線の交差）として研究されてきた。視線も一瞥から凝視までその時間によって異なる。平均的なアイコンタクトは1秒程度である。一瞥は1～7秒まで分布し、じろりと見るときは0.25～0.35秒ぐらいだという（Argyle, 1967）。

　ナップ（Napp, 1972）によれば、アイコンタクトの機能として次の4点があげられる。

　①フィードバックを求める：私たちは会話をしているとき、話し手として聞き手を見て、自分の話をどう思っているか、聞いてくれているかをモニターする。また聞き手であるときには、話し手と視線を交わすことによって、自分が話を聞いていることを話し手に知らせる。

　②回路を調節する：アイコンタクトは、情報伝達の回路が開いていることを知らせるためにおこなわれる。レストランでウェイターとのアイコンタクトを求めて視線をさまよわせるとき、回路が開いていることを示している。教室で先生から質問されて答えられないとき、視線を合わせないように下を向いていたのを思い出す。つまり回路を閉じて相互作用を拒否しているのであるが、この心理は「頭隠して尻隠さず」のたとえ通りで、自分が見なければ相手も自分を見ることはできないと考えるのである。

　③人間関係の質を知らせる：好きな人とはアイコンタクトが増えるが、嫌いな人とはアイコンタクトを最小限にして、心を閉じる。同じ嫌みをいうときでもアイコンタクトが多いときの方が好意的に解釈される。凝視のように長いアイコンタクトは相手に不安を起こさせる。当事者の地位の違いによっても、状況が競争的、攻撃的場面でもアイコンタクトは減少する。

　④物理的距離を補う：当事者間の距離が増すほどアイコンタクトは増加する。つまりアイコンタクトを増加させることによって物理的距離を心理的に縮める。反対に近づきすぎるとアイコンタクトは減少する。エレベータに乗った人は近づきすぎを少ないアイコンタクトで調節する。

　図4－3はアージルら（Argyle et al., 1965）のアイコンタクト、距離、親密

さに関する実験結果である。実験協力者であるサクラは3種の距離をおいて，被験者と3分間話をするが，その間連続的に被験者を見る。その間に被験者が示すアイコンタクト量が測定される。その結果，アイコンタクトは相手との空間的距離が増すほど増加した。また性の組み合わせによっても変化した。アージルはこうした結果を親和葛藤理論（affiliation-conflict theory）または親密性均衡モデル（intimacy-equilibrium model）によって説明する。すなわち対人関

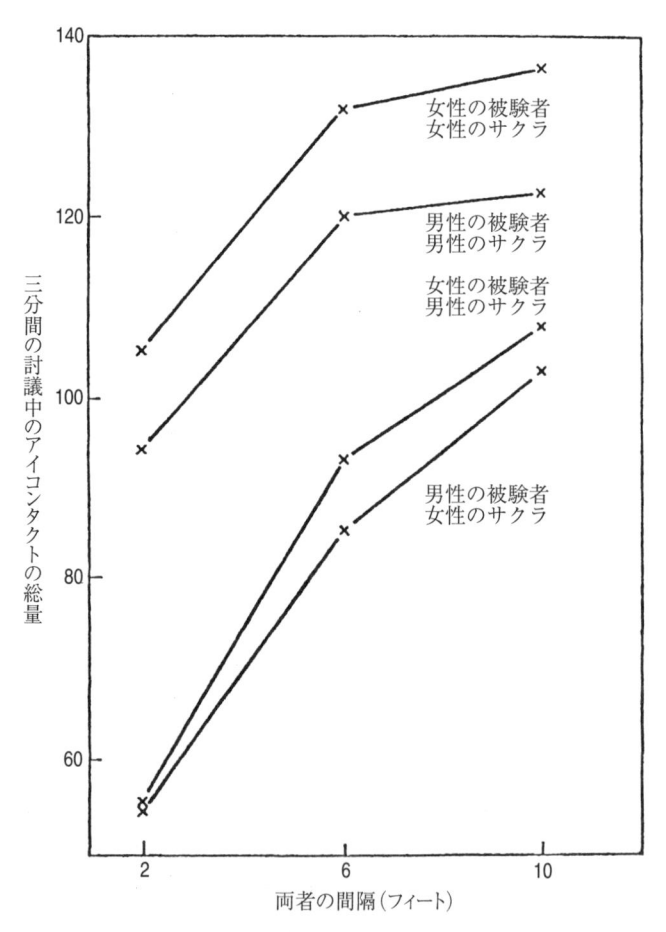

図4－3　相手との距離とアイコンタクトの関係
（Argyle, 1967, 訳書, p.143）

係にはそれぞれある一定の快適な親密さ水準がある。快適な親密さは距離，アイコンタクト，微笑，ことばによる親密さ表現，その他の構成要素が関連しあった均衡によって決まる。ところがある要素の変動（たとえば接近しすぎ）によって均衡が崩れると，その他の要素の変動によって均衡を保とうとする（たとえばアイコンタクトの減少）という（大坊，1998）。

アージルらはまた，この結果を発展させて聴衆不安や舞台恐怖軽減条件を探っている。学生が25人の聴衆の前で1分間のスピーチをするのであるが，その位置は普通の位置，10フィート離れた位置，聴衆の背後，黒メガネをかける，仮面で顔面表情を隠して話すの5条件である。そして落ち着きの程度と話し間違いを評定した。図4－4はその結果であるが，落ち着きの程度とアイコンタクト量が相関することが分かる。現代の若者の携帯電話好きと対人不安の高さに示唆を与えているように見えるが，どうだろうか。

③姿勢・身振り

普段見ることは少ないが，音声言語を排除したパントマイムやそれを引き継いだチャップリンの無声映画などを見ると，時には姿勢や身振りがバーバル・メッセージ以上に多くを語りかけることが分かる。姿勢や身振りの多くは特定

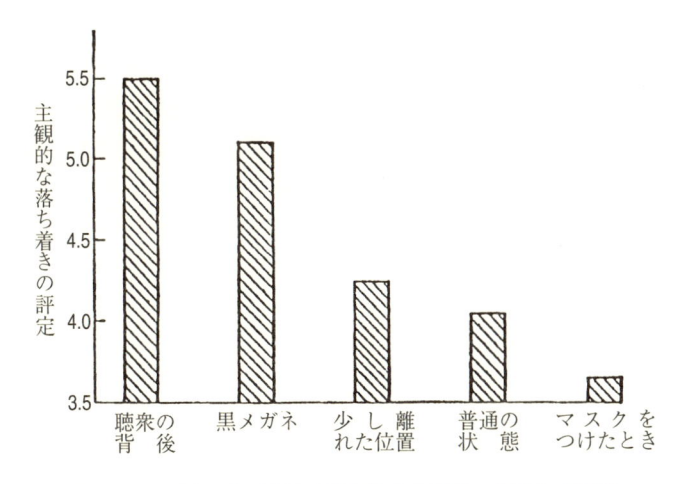

図4－4 話し手が感じる落ち着きの程度と位置との関係
（Argyle, 1967, 訳書, p.144）

の文脈の中で使われ，文脈とともに理解されるのが一般的であるが，文脈から分離したところでも相当の伝達機能をもっていることは，線画テストの結果から知ることができる（図4－5）。

　私たちは他のノンバーバル・メッセージと同様に，姿勢・身振りを通してさまざまなメッセージを発信する。退屈すれば，時計を頻繁に見たり，落ち着かなくなる。あるいは天井を見たり，姿勢を変えて机に肘をついたり脚を組んだり，いたずら書きをするかもしれない。話し手はそうしたフィードバックの意味を素早く解読し，適切な対応をしなければならない。ただし落ち着きのなさの本当の原因が話し手にあるのか，話し手の関与しない別なところにあるのかは分からない。時には原因を探るための質問をする必要があるかもしれない。

　ある姿勢や身振りがどのような意味をもつかは文化に大きく影響される。多くの文化人類学的な調査研究が偉大な足跡を残してきた。地域，文化を越えて共通の意味をもつ姿勢・身振りもあれば，国により，地域によって独特なものもある。その中で生きる人々はそれらの意味を共有化していくのである。それを学習することが社会化でもある。すでに述べたように，社会化とはその文化，社会の中で生きていくための行動様式を身につけていくことである。

　信号のない広い交差点の台の上で警官が踊るように車の整理をしたり，最近はコンピュータに取って代わられたが証券取引所で場立が手振りする光景などは，懐かしい姿勢・身振りの記憶である。社会の変化とともに，姿勢・身振りも変化するということである。若者がところ構わず地べたに座る「ジベタリアン」などは一時的現象であろうか，それとも将来に続く行動様式であろうか。

　金山（1983）は姿勢・身振りが国によってどのような意味をもつか，50種類の姿勢・身振りについて世界20カ国にわたる調査結果を報告している。図4－

図4－5　姿勢・身振りの線画テスト刺激（Rosenberg et al., 1965, 斉藤, 1987, p.175から抜粋）

6はその中の1つで,ほぼ世界共通に用いられる「静かに」を意味する身振りであるという。

　姿勢・身振りの研究を体系的に進めるために客観的に記述する試みをしたのはブル(Bull, 1987)である。彼は姿勢分類システムと身体動作記号化分類システムなるものを開発した。そこでは姿勢や動作がもつ意味や機能を推測するのではなく,示された姿勢や動作をそのままの形で記述しようとする。たとえば姿勢の分類基準は少なくとも1秒以上持続する身体位置の変化で,頭,胴,上肢,下肢の4つに分類され,別々に記述される。

　たとえば前傾姿勢,後傾姿勢の場合,その基準は「胴の位置の主軸は,椅子の直線前方に視線があり,座っている椅子と90度の角度にある胴の位置とする」(訳書,p.188)である。

胴の姿勢カテゴリー:
　LF　体を前に傾ける。胴が前方に傾けられる。
　LB　体を後ろに傾ける。胴が後方に傾けられる。
　(以下略)

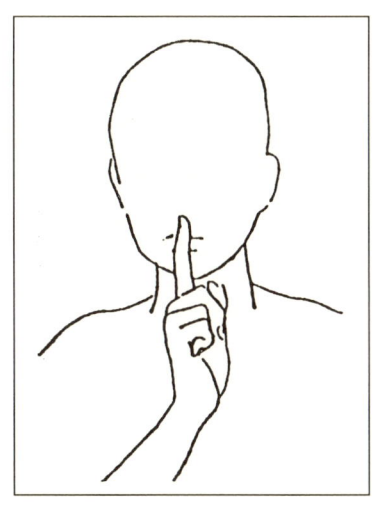

図4-6　人差し指を口に当てるしぐさ　これはほぼ世界共通に「静かに」の合図に使われる。(金山, 1983, p.58)

それでは具体的に前傾，後傾姿勢は相手にどのよう受け取られるのだろうか。彼は，前傾姿勢は後傾姿勢よりも肯定的に知覚されると述べている。日本人を被験者とした研究（Bond & Shiraishi, 1974）でも，前傾姿勢の面接者は後傾姿勢の面接者よりも礼儀正しく，柔軟だと判断されたという。

　顔面表情や視線ほどでないとはいえ，姿勢が対人関係においてこのように認知の大枠を決めるとすれば無関心ではいられない。マウラーら（Maurer et al., 1983）は，クライエントがカウンセラーの姿勢からどれほど共感性レベルを認知するかを実験した。カウンセラーのとる姿勢は姿勢一致，不一致条件の2種である。

　姿勢一致はいわゆる鏡映像的一致姿勢で，クライエントが右足を組めばカウンセラーは左足を組む。その結果，カウンセラーの腕や脚の位置などが一致するときにクライエントはカウンセラーの共感性を知覚した。これは姿勢の一致がラポールや相互理解を促進することを示している。この現象は，たとえば会議の席で自分が賛同する相手や自分の見解を代弁してくれる人の姿勢を模倣することにもあらわれる。姿勢が鏡映的一致の場合もあれば，姿勢だけでなく身振りを複写したようにもなるという（Vargas, 1987）。

2　近接学（proxemics）

　近接学とは，空間的な位置や距離の長短が果たす役割の研究領域である。プロクセミックスという語の創始者であるホール（Hall, 1966）は，その著「かくれた次元」を動物のなわばりについての記述から始めている。動物に適切な距離感があるように，人間もまた対人間の距離によって快・不快がある。ラッシュアワーの混雑する電車で見知らぬ人と体を触れ合わせるような接近しすぎの関係は，不快感を越えて強いストレス事態である。狭いエレベーターの中で私たちは，たとえば天井を見ることによって同乗者とのアイコンタクトを避け，お互いを見ないことで接近した距離感を調節するのである。前出の図4-3は，距離によってアイコンタクトの量が変わるのを示していた。反対に離れ過ぎも快適ではない。内緒話をするときは，顔を近づけ耳元でささやくように小声で話すのである。

　また私たちは誰が決めたわけでもないのに，会議室でいつも同じ位置の席に

座る傾向がある。教室でもなぜか学生はいつも同じ席に座る。そうした固定した視角を修正するために，グループワークの専門家はわざと席を替えるようにし向ける。席が替われば，異なった角度から同じ人の違った面が見えてきて，あらたな発見がある，そして相互理解が深まると教える。コミュニケーターとして近接学の存在を無視することはできない。適切な距離と位置は，効果的なコミュニケーションにとって重要である。本節では，ノンバーバル・コミュニケーションとしての距離と位置について考える。

①距離

ホールは，私たちの空間は以下のような4種の距離帯（コミュニケーション・ゾーン）からなると主張した。各距離帯はそれぞれ近接相と遠方相に分かれ，全部で8つの相からなる。ただしこれは，彼が観察した非接触性の合衆国北東部に住む中間層の成人を観察した結果である。世界を対人的な間合いの取り方でみれば，接触的文化と非接触的文化に分かれる。接触的文化の人々は非接触的文化の人々に比べ，対人的な間合いが短く，直接的に対面し，相互注視や身体接触が多く，話し声も大きくなるという。接触的文化に属するのはラテン・アメリカ人，南ヨーロッパ人，アラブ人で，東洋人，北ヨーロッパ人，北アメリカ人，オーストラリア人は非接触的文化に属する（Vargas, 1987）

密接距離－近接相（6インチ以下）：愛撫，格闘，慰め，保護の距離である。抱きしめるなど，主として皮膚接触によるコミュニケーションがなされる。発声の役割は小さい。

密接距離－遠方相（6～18インチ）：手で相手の手に触れたり握ったりすることのできる距離である。コミュニケーションは低い声や囁きでなされる。見知らぬ人がこの距離帯に入ると不快感を覚える。

個体距離－近接相（1.5～2.5フィート）：相手を抱いたりつかまえたりできる距離である。密接距離のように相手の表情が歪んで見えることはなく，相手の目からかなりのフィードバックが得られる。

個体距離－遠方相（2.5～4フィート）：片方が手を伸ばせば簡単に触れる距離のすぐ外から，両方が腕を伸ばせば指が触れ合うまでの距離である。相手の表情は細かいところまではっきり見える。声の大きさは中ぐらい。個人的な通常の会話がおこなわれる距離である。

社会距離－近接相（4～7フィート）：個人的ではない用件の会話がおこなわれる距離である。遠方相よりは入り組んだ用件の会話がなされる。一緒に働く人々やちょっとした社交的集まりに出てくる人も，この距離をとる。

　社会距離－遠方相（7～12フィート）：事務机を介した形式ばった業務や社交上の会話がおこなわれる距離である。互いに隔離し遮断できる距離で，この距離帯では自分の仕事を続けても失礼にならない。声は近接相よりかなり高く，声を高めたり叫んだりすれば，社会距離が個体距離に縮まることがある。

　公衆距離－近接相（12～25フィート）：教室や講堂での講義や演説がおこなわれる距離である。声は大きいが最大の音量ではない。話し方は公式的文体に変化する。

　公衆距離－遠方相（25フィート以上）：声その他あらゆるものが誇張され，増幅される距離で，声のテンポは落ち，ことばははっきり発音され，ことばによらないコミュニケーションの大部分は姿勢・身振りに移行する。聞き手との人間的接触が薄くなる距離帯である。

　なわばり（territory）に関する研究も多い。私たちはレストランで自分たちの席を確保するのに，荷物や上着を置いたりする。それによってなわばりを確保するのである。モール（Mohr）は，混み合った図書館でのテリトリー指示物の効果を調べた。何も置かない場合は平均20分間，テーブルは空いていた。しかし物を置いた場合はいずれも，それ以上テーブルを空けさせる効果があった。たとえばスポーツ・ジャケットを置いたときと，ノート，教科書，ペンを一緒に置いたときは2時間，雑誌をきちんと積み重ねたときは77分間席を空けさせた。同じ雑誌でも，散らかしたときは32分間であった。この場合がテリトリー指示物としてもっとも弱く，5回の実験で5回とも隣の人は席が空いているかを尋ねられた。しかしノートや教科書が置かれた場合には，尋ねる人はいなかったという。(Sommer, 1969)

②位置

　ノンバーバル・コミュニケーションとしての距離と同様，位置にも暗黙のルールがある。ホールは対人距離について言及したが，ソマー（1969）は個人空間（personal space）について広く調査・実験をおこなった。図4－7は，教室での座席と授業への参加度を示している。自由に座席を選べる場合，学生は授

業に対する関心にしたがって座席を選ぶ。教師と視覚的接触の多い中央部が好まれることが分かる。アーサー王が発明したといわれる円卓は，騎士たちを等しくするためであったといわれる。しかしこの伝説には，アーサ王との距離が騎士の序列に影響することが考慮されていない。バーヴェラス（Bavelas, 1950）は，集団の各メンバーから他のメンバーに対する距離の総和をある特定のメンバーから他のすべてのメンバーに対する距離で割ったものが，そのメンバーの集団内での相対的中心性であるとした（図4－8）。図4－9は，集団内での位置の相対的中心性と志気の関係を示している。相対的中心性が集団内でのリーダー，メンバーの位置，あるいはメンバーの満足度や集団のモラールの決定に重要であることがわかる。

クック（Cook, 1970）は，いろんな社会的関係で同性の2人がどのような座席の位置を占めるかを実験した。状況は授業直前2～3分間の会話，同じ試験のために一緒に勉強する協力作業，別の試験のために一緒に勉強する個別作業，誰が最初にパズルを解くかの競争事態である。おおむね協調的関係では隣り合わせの座席を，競争的関係では向かい合わせの座席を選択すると報告している

	教師	
57%	61%	57%
37%	54%	37%
41%	51%	41%
31%	48%	31%

図4－7　教室での座席と授業への参加率
（Sommer, 1969，訳書，p.195）

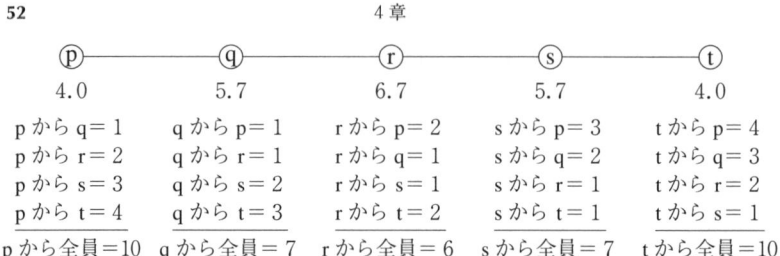

```
        ⓟ—————ⓠ—————ⓡ—————ⓢ—————ⓣ
        4.0     5.7     6.7     5.7     4.0
    pからq=1   qからp=1   rからp=2   sからp=3   tからp=4
    pからr=2   qからr=1   rからq=1   sからq=2   tからq=3
    pからs=3   qからs=2   rからs=1   sからr=1   tからr=2
    pからt=4   qからt=3   rからt=2   sからt=1   tからs=1
    pから全員=10 qから全員=7 rから全員=6 sから全員=7 tから全員=10
```

図4−8　5人が並列にならんだ集団のメンバー間の距離とその算出法
(Bavelas, 1950, 三隅ほか, 1969, p.807)

質　　問	位置別にみた平均評定値	
	最も周辺的な位置*にいた35人	最も中心的な位置†にいた15人
作業はどの程度好きでしたか	3.2	8.8
作業の結果にどの程度満足していますか	4.6	7.8

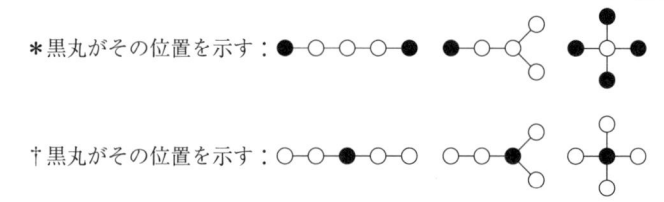

＊黒丸がその位置を示す：●−○−○−○−○　●−○−○＜○○　●○＋○○○

†黒丸がその位置を示す：○−○−●−○−○　○−○−●＜○○　○○＋●○○

図4−9　集団内での位置の相対的中心性と志気の関係
(Leavitt, 1949, 三隅ほか, 1969, p.814)

(図4−10)。

3　パラ言語（paralanguage）

　私たちは声を修飾することで，その時々の感情や気分あるいは意図を伝達する。甘えた声，猫なで声，媚びた声，怒りを含んだ声，緊張した声など，声の質，強弱，テンポなど，ことばではない声の特徴によるノンバーバル・コミュニケーションをパラ言語によるコミュニケーションという。声を聞いただけで誰が，どのような感情状態で話しているか推測することができる。メラビアン（Mehrabian, 1972）は，感情や態度の表現にはことばより行動の伝達効果が大きいとして次のような等式で表した（訳書 p.98）。

		×▭	×▭	×▭×	×▭	×▭×	×▭×
会話	アメリカ人イギリス人	42	46	11	0	1	0
	大学生	51	21	15	0	6	7
	一般市民	42	42	9	2	5	0
協力作業	アメリカ人イギリス人	19	25	51	0	5	0
	大学生	11	11	23	20	22	13
	一般市民	40	2	50	5	2	0
個別作業	アメリカ人イギリス人	3	3	7	13	43	33
	大学生	9	8	10	31	28	14
	一般市民	12	14	12	19	31	12
競争	アメリカ人イギリス人	7	41	8	18	20	5
	大学生	7	10	10	50	16	7
	一般市民	4	13	3	53	20	7

図4－10　矩形テーブルにおける同性友人との状況別座席選択率(％)　(Cook, 1970, p.63)

　　感情の総計＝ことばによる感情表現（7％）＋声による感情表現（38％）
　　　　　　　＋顔による感情表現（55％）

　すなわち38％がパラ言語によるという。本節では4つの声の質（抑揚，音色，速度，制御）と3つの声の修飾（強度，高さ，幅），そして沈黙について考える。
　声の質のうち，抑揚は自分の声につける高さと大きさの変化である。話し手が作り出す抑揚によって，聞き手は話の内容まで生き生きしたものに感じるが，抑揚のない単調な声の話には退屈する。音色は声の充満さあるいは響きである。か細くかすれた声の話し手とは対照的に，豊かで満ちたよく響く声の話し手は聞き手に強くアピールする。速度は，テンポあるいはスピーチの速さである。現代は総早口化しているといわれる。「NHKアナウンス室の調査によると1音

を1拍として1分間に話す音の数は午後7時のニュース（1992年当時）の川端義明アナが535拍，黒田あゆみアナが449拍。64年当時のNHKの男性アナウンサーは416拍だった。ニュースステーション（テレビ朝日系）の久米宏氏の場合は1.8倍の767拍にもなる。（中略）NHK第1放送のラジオ深夜便のアンカーが話す速さは400拍前後と64年とほぼ同じ」（日本経済新聞夕刊，1997. 10. 14）という。制御は唇や舌の動きのなめらかさである。過剰に制御された声は怒っているときのように緊張した音になる。制御不足の声はもぐもぐいうような頼りない音になる。

声の修飾のうち，強度は声の音量，大きさ，あるいは柔らかさである。高さは声の高低である。幅は声の伸ばしで，ことばの発音に関係する。関東弁のように歯切れのよい発音もあれば，関西弁のように引き延ばされ，ゆったりした発音もある。

声の質と修飾が組み合わさって重要なパラ言語的意味の違いを作り出す。たとえば怒った声と悲しい声を比較してみると，怒った声は通常，不規則な（上下した）抑揚，がなり立てる音色，速い速度，かなりの制御，大きな音量，高い声，歯切れのよい発音をするのに対して，悲しい声は下向きの抑揚，共鳴する音色，ゆっくりした速さ，緩やかな制御，小さな声，低い声，不明瞭な発音などである。

パラ言語は感情の伝達を第1の機能とするが，私たちはまた声を聞いて話し手の性別，年齢などをも推測する。ときには電話など姿が見えないコミュニケーション状況において，聞き手がもつステレオタイプな知覚傾向が勝手な判断をして誤りを犯すこともある。またパラ言語は，話し手のパーソナリティの知覚にも関係する。アディントン（Addington, 1968）は，パラ言語を手がかりに起こるステレオタイプなパーソナリティ知覚について研究した。表4－1はその結果である。

何事も語らないはずの沈黙（silence）もまた，ノンバーバル・コミュニケーションとして多くを語る。沈黙の機能として次のようなことが指摘される（Devito, 1989）。

①考える時間を与えるため：今言ったこと，聞いたことを深く考えたり，次に言うことを考えるなどの時間を与えるために沈黙するなど。

表4-1　模擬音声とステレオタイプなパーソナリティ知覚
(Addington, 1968, Knapp, 1972, 訳書, p.150　一部変更)

模擬音声の手がかり	話し手	紋切型の知覚
息が混じり弱い声	男性	若い，芸術家肌。
	女性	女性的，きれい，小柄，陽気，興奮し易い，うすっぺらい。
力がない	男性	話し手のイメージは変わらない。顕著な相関関係なし。
	女性	社交的，肉体的，感情的，精神的に未熟。ユーモアを解す，感受性豊か。
平板	男性	男性的，無精，冷たい，引込み思案。
	女性	男性的，無精，冷たい，引込み思案。
鼻にかかる	男性	社会的に望ましくない性格一般。
	女性	社会的に望ましくない性格一般。
緊張している	男性	年取っている，譲らない，けんか好き。
	女性	若い，感情的，女性的，興奮し易い，頭が悪い。
低く太い	男性	気取っている，現実的，円熟，洗練，適応性あり。
	女性	頭が悪い，男性的，怠け者，野暮ったい，感情を表わさない，醜い，病気，不注意，非芸術的，愚直，卑しい，神経症，静か，つまらない，無関心。
朗々としている	男性	エネルギッシュ，健康，芸術的，洗練，誇り，面白い，熱意がある。
	女性	生き生きしている，社交的，美的センス，「誇り高く，ユーモアを欠く」
速度が早い	男性	生き生きしている，外向的。
	女性	生き生きしている，外向的。
抑揚が多い	男性	精力的，女性的，芸術家肌。
	女性	精力的で外向的。

②攻撃するため：けんかをした後など，相手を無視し，ものを言わないことによって攻撃を継続するなど。

③自分を隔離するため：不安，恥ずかしさ，恐ろしさなどを感じたときの反応として黙りこくるなど。

④コミュニケーションを防御するため：覆水盆に返らずのことわざにあるように，後で後悔するようなことをいってしまったり，個人攻撃のような，いわずもがなのことをいってしまうのを避けるために冷却期間をおくなど。

⑤感情をコミュニケートするため：表情や視線など，その他のノンバーバル

メディアと同様，不快な場面では非協力的で反抗的な感情を，好意的場面では愛情を，また宗教的場面では畏敬の念をあらわすなど．

⑥何も言わないため：何も言うことがないとか，何も言いたくないときなど．

木戸（1976）は，精神治療場面での沈黙と短い無言である間（pause）について考察している．彼は，陽性感情（是認，同調）に伴う沈黙と陰性感情（否認，拒絶）に伴う沈黙があるという．前者は問題の終結や深い共感的理解の表れであったり，先行するコミュニケーションの意味をかみしめる時間であったりする．相手のことばの意味，感情を共感的に受け入れ，相手との結びつきを強める感化的働きがある沈黙である．一方，後者は相互交渉の拒絶の表示であったり，互いに近づき合うコミュニケーションの糸口を失ったり，放棄した沈黙である．

さらに，会話の途中に挿入される比較的短い沈黙である間には，いわゆる間をおかない矢継ぎ早の応答から，反対に期待されたよりも間延びした遅れた応答まである．前者は積極的な関与，同調のしるしとしての効果があるが，ときには軽率な印象を与える．同調というよりも表面的理解や相手に対する優越の表れになる．ただし相手のことばの最後の文節や意味を繰り返すと，逆にコミュニケーションは円滑化する．後者は拒絶や尻込みの表れと受け取られ，応対をぎこちなくさせる．そこで「ふむ，ふむ」，「ああそうですか」あるいは「それで――」と合いの手を入れることによって，いわゆる間がもち，是認やうながしとなる．

沈黙で取り扱いが困るのは理由不明の場合である．その時はことば以外のノンバーバル行動からその意味を推測するしかない．理由不明の沈黙は問いかけや働きかけに反応しない，したくないという意図は伝えているが，なぜ反応しないのか，したくないのかの意味が不明ということである．

4　人工品（artifact）

衣服や持ち物，あるいは化粧や髪型，眼鏡などさまざまな人工品を観察することによって，私たちは職業，地位，習慣，好み，活動，性格特性など，その人について実に多くを知ることができる．人工品がノンバーバル・メッセージを発信するからである．

ここでは「大いなる論争」として知られる1960年のアメリカ大統領選からノンバーバル・メッセージとしての人工品を考えてみよう。4回のテレビ討論はケネディとニクソン，そして多数の有権者にどのような影響を与えたのだろうか。テレビ討論が行われるまではニクソンが優勢であった。しかし第1回のテレビ討論で立場は逆転したのである。その理由を考える上で興味があるのは，討論をラジオで聞いた人は両候補に優劣なしと判断し，テレビを見た人はケネディが楽勝すると判断したという事実である。ラジオから伝達されるのはバーバル・メッセージと，ノンバーバル・メッセージのうちのパラ言語によるものであろう。したがってテレビ視聴者がケネディ楽勝と判断したのはパラ言語以外のノンバーバル・メッセージの効果であると考えることができる。

　第1回討論当日のニクソンは体調不良であった。強行軍の遊説で体重が減り，熱もあった。メーキャップもよくなかった。特に大写しでは，目は険しくなり，汗があごのところに見えた。彼は不安そうで，自信がないように見えた。一方，ケネディのアドバイザーは当日，休養を与え，公の行事はほとんど休んだ。彼は強固で自信のある人物に見えた。大写しではニクソンをじっと見つめ，自由で落ち着いて見えたという。これらはすでに述べたノンバーバル・メッセージのうち，表情，視線，姿勢・身振りなどの効果である。

　さて，両候補の洋服については，いずれもグレイのスーツを選んでいた。しかしケネディのアドバイザーはセットの背景が明るいのを知って，急遽ダーク・ブルーのスーツに変えさせた。ニクソンは予定通りグレーのスーツを着た。さらにケネディは直前になってワイシャツをブルーに変えた。スーツとワイシャツの違いが両候補の印象を際だたせたのはまぎれもない事実であった。こうしてニクソンはバーバル・コミュニケーションにおいては負けてはいなかったが，ノンバーバル・コミュニケーションにおいて破れたのである。

5章
コミュニケーションの文脈

　文脈とはコミュニケーションが行われる状況である。たとえば昼食時に友人と話しているときには，気のおけない気楽な文脈がある。冠婚葬祭の儀式が行われているときには，友人との話とは異なったおごそかで硬い文脈がある。下品なムードの文脈では，含蓄のある高尚なジョークもしらけたものになってしまう。乗り物のなかで大声で傍若無人に話す人，携帯電話で周囲の迷惑に全く気がつかない人，教室での他人の迷惑を考えない私語など，コミュニケーションが文脈から逸脱した行為に悩まされることも珍しくない。それがもとで殺傷事件が起きたりする。文脈は何が話されるか，どのように話されるか，どのようにメッセージが理解されるかだけでなく，どのようなノンバーバル・コミュニケーションがなされるかにも直接影響する。文脈を考慮しないコミュニケーションはない。私たちのコミュニケーションは，常に状況を配慮して行われている。状況を考えないコミュニケーターは時をわきまえない，場所をわきまえない話し手として非難の対象となる。

　コミュニケーションに影響する文脈要因には物理的環境，関与する人数，前後の出来事，文化などがある。いろんな文脈におけるコミュニケーションを考える前に，まずこうした文脈要因がどのようにコミュニケーションに影響するかを考えよう。

1．文脈構成要因

1　物理的環境

　私たちは他者とのコミュニケーションで，物理的環境のインパクトについて

考慮することが必要である。話し手として状況を分析し，コミュニケーションにとってもっとも適切な物理的環境を決定しなければならない。私たちは大事な争点を含んだ問題を立ち話で議論しない。テーブルをはさんで，腰掛けて，細部まで聞き逃すことなく，相手の表情を真正面から見える環境で，じっくり話す。グループ討議のメンバーや公開の場での話し手も同様である。グループ討議には，静かで外部からの妨害で中断されることのない会議室などが望ましい。公開の場で小道具やプロジェクターなどを使うのならば，聴衆にそれがよく見えなければならない。

聞き手もまた物理的環境に注意を払わなければならない。聞き手として話を聞くのに障害があれば，コミュニケーション・プロセスは崩壊する。聞こえなければ大きい声で話すように要請するとか，話し手に近寄るとか，コミュニケーションにとってもう少しよい環境を整備してくれるように提案するなどしなければならない。このように物理的環境は話し手と聞き手の相互作用を促進したり，妨害したりする。

2 関与する人数

コミュニケーション環境における第2の要因は，プロセスに関与する人数である。すでにコミュニケーションの分類のところで，コミュニケーションが1人の頭の中でなされるとき，それは個人内コミュニケーションであり，2人が相互作用しながらなされるときは対人間コミュニケーション，そして相互作用しているのが多人数であるときはグループ・コミュニケーション，さらに多人数に対してなされるときはパブリック・コミュニケーションであると述べた。

個人内でなされるコミュニケーションとは単一個人内でのスピーチである。自分自身に話しかけるのは決して珍しいことではない。何かに集中して考え事をしているとき，プレゼンテーションのリハーサルをするとき，思わぬ失敗に自分自身を罵りたくなるときなど，個人内コミュニケーションの経験は誰にでもある。思考における内的スピーチでは，話し手と聞き手の役割は同一個人によって演じられる。言語がなければ思考はできないし，また言語化は合理的な思考にもとづいている。ヴィゴツキー（Vigotsky, 1956）の指摘するように，言語と思考は分離できない。彼は，内的スピーチは非常に短縮された形式のス

ピーチであり，基本的には述語からなるという。すでに話題については知っているのであるから，内的スピーチにおけるコミュニケーションは話題に対する内容に焦点を合わせた述語的な文となる。たとえば長時間バスを待っているときの内的スピーチは，話題とコメントの両方を特定して「遂にバスがきました」と他の人にいうようなメッセージではなく，むしろ「遂に」とか「きた」からなる。

　対人間コミュニケーションは，素早くかつ容易に話し手と聞き手の役割を交替する2人が関与するコミュニケーションである。対人文脈でのコミュニケーションは親と子，夫と妻，上司と部下，友人同士など，日常的に見られるありふれた光景である。そこでのコミュニケーションの形式は，内的スピーチから社会的スピーチに変わる。この点は対人文脈におけるコミュニケーションとして次章で論議する。対人コミュニケーションの特殊なケースは面接場面である。面接は特に就職時の採用面接などで重要になっているので，10章の説得とコミュニケーションで言及する。

　グループ・コミュニケーションは，話し手と聞き手の役割が参加者の間で交替する多人数が関与するコミュニケーション形式である。委員会や研究会，あるいはパーティの席でのコミュニケーションは，グループ・コミュニケーションである。対人文脈においては，話し手は聞き手によって頻繁に中断され，その結果，話し手と聞き手が断続的に入れ替わる。一方，グループ・コミュニケーションにおいては通常，話し手は中断されることなく最後まで話すように求められ，その後に他のメンバーに話し手の役割が交替する。このように関与する人数によってコミュニケーションの形式と性質が変化する。グループ・コミュニケーションのスキルは，私たちが日常の社会生活を送る上で欠かせない。グループ・コミュニケーションは非常に一般的で重要なので，7章の集団文脈におけるコミュニケーション以降で詳しく論議する。

　話し手の役割が1人の人間によって長時間維持され，その間，聞き手の役割が多数の人によって保持されるとき，その文脈はパブリック・コミュニケーションと呼ばれる。パブリック・コミュニケーションも決して珍しいものではない。講演会でなくても，ゼミナールでプレゼンテーションをしたり，自治会やPTAなど各種集会の席で質疑応答したり，友人の結婚披露宴でお祝いのスピ

ーチをするとき，パブリック・コミュニケーションがなされているのである。こうしたパブリック・コミュニケーションにおけるメッセージは，個人間コミュニケーションのようにインフォーマルなものではなく，フォーマルな性格をおびる。

3 前後の出来事

コミュニケーション行為の前に起こった出来事は，相手に何をどのように話し，またどのように反応するかに影響する。たとえば午前中の仕事が順調に期待通りに運べば，昼食時の会話は生き生きとしたものになるであろう。同僚も「今日は何か良いことあったの」と聞くかもしれない。

コミュニケーションに影響するのは先行する出来事に限らない。コミュニケーションの後に起こると予想される出来事も同じように影響する。たとえば次の時間に重要な試験が予定されていれば，前の時間の講義や討論に集中するのが困難になる。その結果，上の空で十分にリスニングできずに空虚なコミュニケーションになるか，あるいはいらいらした発言を繰り返すかもしれない。このようにコミュニケーションの前後の出来事は，直接的にコミュニケーションに関係していなくてもコミュニケーションに影響を及ぼす文脈である。

4 文化

これまでコミュニケーションに影響する文脈のうち，どちらかといえば直接的要因について述べてきた。一方，文化は間接的で，包括的で，しかし大きな影響力をもつ文脈である。バーバル，ノンバーバルいずれのコミュニケーションにおいても，文化の影響から逃れることはできない。コミュニケーションはどこかの文化のもとで行われるからである。すでに比較文化人類学的エピソードをいくつか紹介してきているので，文化の影響をあらためて指摘する必要はないかもしれない。異文化間コミュニケーションというとき，その概念的枠組みは大きいが，下位文化においても強く影響する。国際比較に止まらず，日本国内においても，各地の文化はコミュニケーションに影響する。東京と大阪などは人の往来が激しいだけに，特によく俎上に上る文化差である。文化の違いがコミュニケーション障害の原因となることも稀ではない。

文化は地理上の広がりに止まらない。世代間格差などは時間軸上の文化差である。「今どきの若い者は」といういい方は大昔からあったといわれるが，今なお健在である。高齢社会の進展にともなって世代間の文化差は一層多重化することであろう。性別による文化差もあるだろう。男女雇用機会均等法など法律で制約を課しても，なお職場で性別役割分業が解消しないなどは，今日の働く人々の大きな課題である。男らしさ，女らしさといった固定的文化によって役割規定され，それが男女のコミュニケーション行動にもおのずから強い影響力をもってきたが，そうした文化の変容は男女に刷り込まれた役割意識の変容につながることであろう。

　いずれにしても，有能なコミュニケーターは複眼的視点をもとうとする。コミュニケーションにおいて効果的であろうとすれば，広範囲の文化的価値を受け入れ，それぞれの長所を知り，もっとも効果的なバーバル・コミュニケーションとノンバーバル・コミュニケーションの達成に努力しなければならない。

2．支持的風土と防衛的風土

　コミュニケーション文脈を形成する要因は，多様な形でコミュニケーション・プロセスに影響する。さらにそうした文脈のなかで，コミュニケーションに関与する人間によって形成されるコミュニケーション風土もまた影響要因である。

　コミュニケーションは対人関係を発達させ，信頼を構築するために用いられるが，同時に対人関係を破壊するのもコミュニケーションである。一般的に対人関係は支持的コミュニケーション風土のもとで発展するが，防衛的コミュニケーション風土のもとで破壊的となる。ギブ（Gibb，1961）は，支持的コミュニケーションと防衛的コミュニケーションを分ける基準を以下のように整理している。

　①評定的 対 記述的：私たちは，評定されていると感じたとき防衛的になる。たとえば他人の前で批判されるとき，人は惨めに感じ防衛的になる。しかし同じ評定であっても，記述的であれば防衛は減少する。たとえば「君の働きは悪い」と「君は今月の売り上げ目標の50％しか達成していない」を比較してみよ

う。前者は評定的発言であり，後者は記述的発言である。

②統制的 対 問題志向的：私たちは他人から統制されることを嫌う。他人が決めたことに従うよう強制されるとき，脅威を感じ防衛的になる。一方，お互いに関係のある問題で協力する必要があることを示唆しているとき，人は肯定的に反応する。

③戦略的 対 自然発生的：戦略的な人は隠された動機をもっているように見え，懐疑的な反応を生み出す。戦略の出現は防衛を作り出す。たとえば，ことば巧みに戦略的なスピーチをする小手先の技巧を凝らした販売員は，聞く側に瞬時に疑念を喚起させる。一方，自然に見える人は温かく誠実に見える。率直で自然発生的な言動は，関係に確信と信頼を構築する。

④中立的 対 感情移入的：中立的な人が防衛を生じさせるのは，中立は無関心で冷たいと知覚されるからである。一方，温かく気にかけるような興味を示し，感情移入する人は，好意的な反応を受ける。

⑤優位的 対 同等的：優位性を作り出す物理的・社会的障壁は，防衛性を生み出す。私たちは他人に従属していると感じたとき防衛的になる。一方，他の人々と同等であると感じるとき，支持的な風土を発見する。たとえば経済的に高い地位にある人は，他人に抑圧とか攻撃の感情を生み出しやすい。優位性に同等性が導入されたとき防衛性は減弱する。

⑥確信的 対 暫定的：あまりに確信をもっている他者は，固く閉鎖的な心の持ち主であるように見える。こうした確信的態度は，相手を防衛的にさせる。一方，暫定主義はいろんな見解の可能性に対してオープンな態度をとる。暫定的であるのは確信がもてないのではなく，柔軟な態度を意味している。たとえば「私はあなたにとって何が最善であるか知っているから，そうするのです」と「これをやってみましょう。そしてそれがどのような結果になるか，みましょう」とを比較してみよう。明らかに前者は確信的であり，後者は暫定的である。

6章
対人文脈におけるコミュニケーション

　私たちはコミュニケーションを学習する能力はもって生まれてくるが，コミュニケーション能力をもって生まれてくるのではない。まして他者との真の会話ができるのはもっと後のことで，せいぜい精神発達が完成する11, 12歳頃からであろう。ピアジェ（Piaget, 1962）は子どもの精神発達を研究するなかで，コミュニケーション・スキルがどのように展開するかを追跡した。彼はそれを，自己中心性から脱中心化にあるとしている。自己中心的スピーチ（egocentric speech）とは，聞き手に向けて聞き手に理解してもらうために話されたものではないスピーチである。

　生後1歳前後の幼児は「ワンワン」（犬）や「ブーブー」（自動車）など，いわゆる1語文（one word sentence）による言語能力を獲得する。そして次第に2語文，3語文と複雑になる。しかしそれらはまだ自己中心的スピーチで，聞き手を意識した，あるいは聞き手の立場に立ったスピーチではなく，一方的なモノローグ（monologue）である。複数の子どもが遊びのなかで交互に話し，一見会話が成立しているかのように見えても，それらは交互に話しているというだけで相手に向けたコミュニケーションではない。相手からのフィードバックもない。ピアジェはこれを集合的モノローグ（collective monologue）といっている。集合的モノローグは，子どもたちが交替で話しているにもかかわらず，部屋には自分以外誰もいないかのように行われる。最終的には子どもたちは自己中心的スピーチと社会化されたスピーチ（socialized speech）混合の段階を経て，受け手の立場，役割を考慮した社会化されたスピーチを身につける。しかしそれで自己中心的スピーチが完全になくなったわけではない。大人になっても，自己中心的スピーチはしばしば耳にする。仕事に熱中してモノローグをし

たり，誰かに話すのではなく考えを大きな声で話したりする。ときには複数の大人がそれぞれにモノローグをし，いわゆる二重のモノローグ「会話」が行われることもある。

　自己中心的スピーチと社会化されたスピーチの違いを知ることは重要である。対人文脈で効果的であるためには，集合的モノローグから，他者に向けたかつ他者に適応した社会化されたスピーチに進む必要がある。そのためには社会的役割と他者との関係について知らなければならない。

1．社会的役割

　私たちはすでに自己概念がコミュニケーションに影響することを知っている。自己概念とは自分が誰であるかの知覚，つまり自分をどのように認知するかから成り立っている。自己知覚は経験と他者との相互作用から生まれる。私たちはさまざまな経験と，他者との相互作用を通して自分がどのような人間であるかを知る。成功，失敗の経験から自分が有能かどうかを自覚し，それによって他者から不当な扱いを受けて憤ったり，おとなしくそれを甘受したりする。これらは，自分をどのように認知しているかの結果である。集団のなかでどのように行動すべきか，どのような言動が期待されているかを，社会化の過程を経て習得する。対人コミュニケーションが効果的かどうかは，対人文脈のなかで適切な役割をとれるかどうかにかかっている。

　集団のなかで特定の個人に対する行動期待がメンバーに共有されるとき，その期待を役割あるいは社会的役割（social　role）という。私たちは多くの場合，集団のメンバーから期待されたように振る舞う。つまり私たちは，自分に課せられた役割をそれらしく演ずるのである。それを役割行動（role　behavior）という。私たちはひとりひとりさまざまな役割をもっている。職業人の場合，職場の同僚との関係では仕事仲間として，上司との関係では部下として，家庭に帰って子どもとの関係では親として等々，多数の役割からなる役割のシステムの中で生きている。さまざまな関係のなかで，期待される役割行動を演じているのである。

　ときには，個人が考える役割と集団の他のメンバーがその人に期待する役割

が食い違うことがある。それを役割葛藤（role conflict）という。また，不当な役割があてがわれるときもある。そしてその役割を演じなければいけないと考えてしまう。結果として自己成就的予言（self-fulfilling prophecy）にしたがって，あてがわれた役割が行動を支配してしまう。たとえば「クラスの道化」という役割ラベルを張られた場合を考えてみよう。この役割を受け入れたがために，そのラベルが行動を支配する。すなわち道化は面白くて，勉強することは期待されていない。試験では冗談を書き，失敗する。失敗が期待されており，期待通りになる。そしてそれは止まることのない循環のなかでさらに失敗を重ねる。役割は，私たちが他者とどのように相互作用すると期待されているかを示している。他者との関係と役割は，コミュニケーションのあり方に大きく影響する。

2．社会的対人相互作用の循環過程

社会的対人相互作用の循環過程モデル（Circular Process of Social Interaction）は，私たちがとる役割が固定化していくプロセスを明らかにする。しかもその固定化は集団のなかで比較的早い段階でおこなわれ，しかも循環過程によって一層強固になる。図6－1はその過程を示している（柳原，1976）。まずメンバーの内面的過程として，たとえば自分は内気で気弱で消極的な人間だという自己概念をもった個人は，だから集団のメンバーは自分なんかに興味をもたないだろうという態度を集団に対してもつ。そこで集団に対して控えめに行動しようと意図する。その結果，集団に対する発言は声も小さく，不明瞭で，意思表示も明確でない。もぐもぐと曖昧な言動に終始する。そうした彼の言動に対する集団の内面的過程として，彼は相変わらずはっきりしない駄目な人間だと考え，彼に対する態度を一層強くする。そしてこんな彼には関わりたくないと意図する。集団はそうした意図にもとづいて，無関心で軽視した言動を彼にフィードバックする。そうした集団からのフィードバックを受けて彼は，やっぱり私は駄目な人間だと一層消極的になる。その結果，集団のなかでの彼の発言は一層少なく，目立たなくなる。遂には沈黙したままになってしまうかもしれない。こうした循環過程の末に消極的な人は一層引っ込み思案に，自信家は一

A. メンバーの内面的過程

自己概念
グループに対する態度
（どんなグループか）
フィードバックの消化
自己概念

グループに対する意図 →

B. グループに対する行動

グループに対する行動や発言
（スキル）

知覚　行動
行動　知覚

彼に対する意図 ←

D. グループの内面的過程

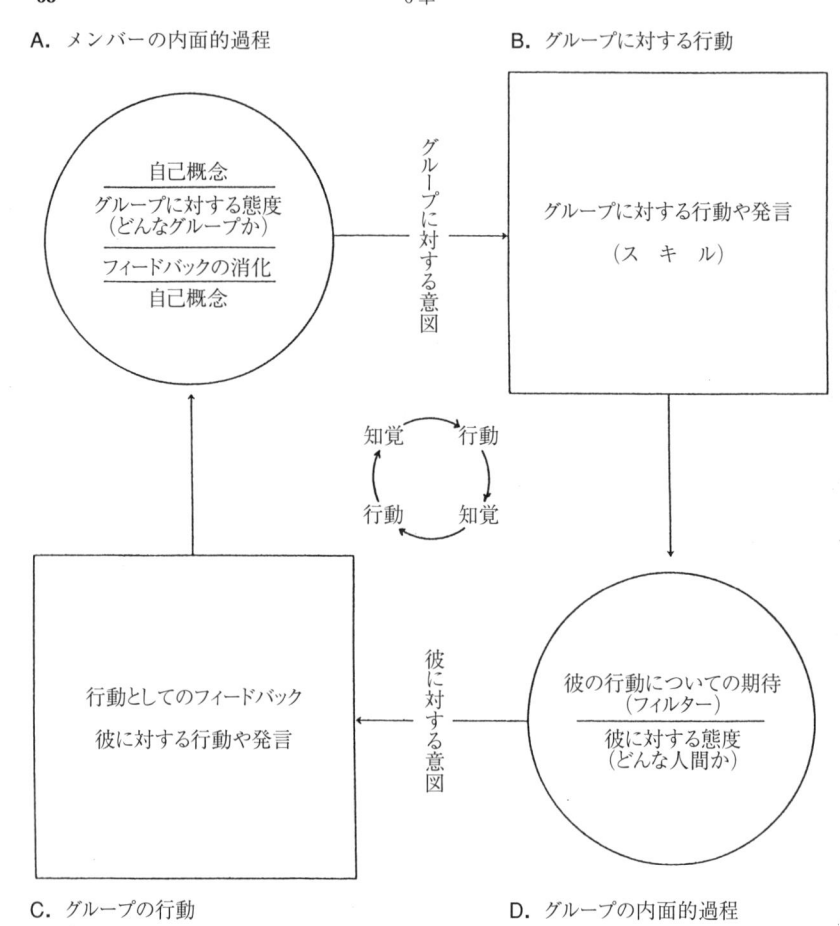

彼の行動についての期待
（フィルター）
彼に対する態度
（どんな人間か）

C. グループの行動

行動としてのフィードバック
彼に対する行動や発言

図6-1　社会的対人相互作用の循環過程　（柳原，1976, p. 346）

層活動的になって堂々巡りを繰り返し，役割が固定化する。

3．自己理解と他者理解

　私たちは他者とのコミュニケーションを通して自己をよりよく理解し，また他者を理解する。相互理解はコミュニケーションがなければ不可能である。他

者からのフィードバックを受けて自己概念の再構築が可能であるし，他者をよりよく知ることができる。他者にフィードバックすることによって他者自身の自己理解を促進することができる。積極的なコミュニケーションによって，相互に誤った見方，偏った見方を修正することができる。それがなければ私たちの成長はない。それではどうすれば自己理解，相互理解がはかれるのだろうか。

1　ジョハリの窓

ルフトら（Luft et al., 1955）は対人関係の中で自己理解，相互理解をはかるための図式を考案した。そしてそれを Joseph と Harry という2人の名前を合成してジョハリの窓（Johari window）と命名した。すなわち心には4つの窓があるということである（図6−2）。

第1の窓は，自分も知っており，他人にも知られているから「開かれた窓」（open window）という。初対面の人はお互いに当たり障りのない世間話などをするが，そこでは自他共に知っている領域は小さい。しかしコミュニケーションを通して次第に深く知り合うとともに開かれた窓は大きくなる。「私はあなたが好きだ」といえば，私はもちろんのこと，相手も私が相手に対して好意をもっていることを知ることになる。開かれた窓は相互に自由に話し合える解放された領域である。

第2の窓は，他人は知っているが，自分は知らないから「気づかない窓」（blind

	自分が知っている	自分が知らない
他人が知っている	Ⅰ　開かれた窓	Ⅱ　気づかない窓
他人が知らない	Ⅲ　隠された窓	Ⅳ　暗黒の窓

図6−2　ジョハリの窓（Luft, 1969, 柳原, 1976, p.341）

window）という。たとえば私は自分のことを恥ずかしがりで内気な人間だと見るかもしれないが，他人は私のことを話し好きで外向的な人間と見るかもしれない。私たちは自分自身についてよく知っているようで知らない。他人から指摘されてはじめて気づくことが多い。他者との関係が発達するにつれて，相互に知覚を共有し始めると，私たちは自分自身についてさらに多くのことを発見する。こうした知覚の共有化は，自分がどのように知覚されているかに気づかせるための価値あるコミュニケーションである。この段階で，気づかない窓は開かれた窓に変容しているのである。

　第3の窓は，自分は知っているが，他人は知らないから「隠された窓」（hidden window）という。私たちは自分について知っていることをすべて話すわけではない。他人に隠していることは多い。人にはそれぞれ他人に明かすことのない秘密，願望，欲望，そしていまだかつて他人と分け合ったことのない記憶をもっている。自分の弱みを他人には気づかれないように隠して，強気に振る舞う人も多い。以下に述べるように，自己開示することによって，私だけが知っていたことが，他人も知ることになり，隠された窓は開かれた窓になる。また，他人の長所や欠点などを気づいていても，あえてそれを相手に伝えないことも多い。指摘してやればその人は修正できるかもしれないが，私たちは悪者になるのを恐れていわないことの方が多い。親切があだになったことのある人は，そうした過去経験が火中の栗を拾わせないことになる。結局，それは隠された窓に止まることになる。

　第4の窓は，自分も他人も知らないから「暗黒の窓」（dark window）という。誰も気づいていないが，知らないうちに私たちに影響している領域である。深い記憶の淵にあったり，抑圧しているにもかかわらず知らず知らず影響する欲求，経験，知覚，思考，感情などがある。

　ジョハリの窓から分かることは，開かれた窓が大きいほど，他者とのコミュニケーションはよいということである。コミュニケーションがよくなければ開かれた窓は大きくならず，相互理解は進まない。そのためには自己開示と相手からのフィードバックが重要になる。それがなされるためには，他者との信頼の構築が前提条件である。そのためには誰かが最初の第一歩を踏み出す必要がある。コミュニケーションは信頼関係を構築する手段であり，信頼関係がなけ

れば効果的なコミュニケーションはなされない。

2　自己開示

　対人文脈の中で,隠された領域から開かれた領域に移るためには自己開示(self disclosure)が必要である。自分をよく知ってほしいと思えば,積極的に自分について話さなければならない。下心(hidden agenda)をもって接していたのでは隠された窓が大きくなるばかりで,健全な対人関係は築けない。隠された領域に何があるか,相手は疑心暗鬼でコミュニケーションするしかないからである。

　自己開示について広範な研究したのはジュラルド(Jourard, 1958)である。彼は自己開示と適応の関係に関心をもち,ジュラルドの自己開示尺度(Jourard Self-Disclosure Questionnaire, JSDQ)を開発した。それによって,人は誰に,どのような内容の話を,どの程度話すかを調べた。自己開示尺度が対象とするのは態度,趣味,仕事,金銭,パーソナリティ,身体の6領域で,それぞれ10項目,合計60項目からなる。話す相手は父,母,同性の友人,異性の友人,配偶者である。その結果,よく開示するほど精神的に健康な人であるとした。

　しかし人はむやみに自己開示するわけではない。親しい人には深い自己開示をするが,それほど親しくない人には浅い表面的な自己開示になるはずである。おのずからそこには社会的規範というものがある。私たちは,それほど親しくもないのに個人的な相談を持ちかけられ,意見を求められて困惑した経験をもっているだろう。しかし一般的に相手から深い自己開示を受けると,聞き手は自分が信頼されているのだと考えて,その自己開示を好意的に受け止め,返報性(reciprocity)の規範によって,同じように深い自己開示をする傾向がある。これを自己開示の返報性という。図6-3はアルトマンら(Altman et al., 1973)による社会的浸透(social penetration)過程における自己開示の深さと広がりを示している。社会的浸透とは,対人相互作用の深まりとともに,自己開示がパーソナリティの浅い領域からより深い領域へ進展することをいう。ただし返報性による自己開示もある程度の親密度までで,それ以上親密になれば返報性による自己開示は減少する。つまり互恵的にお返しの自己開示をする必要を感じなくなるからである。

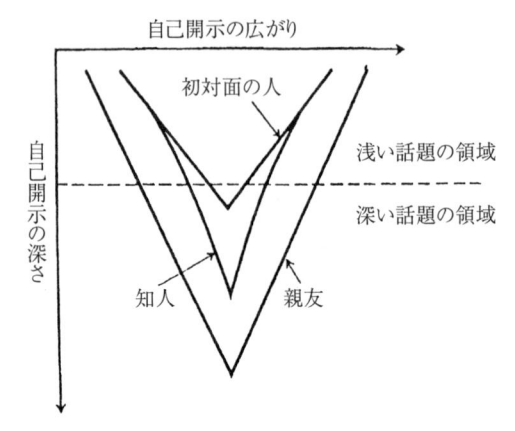

図6−3　社会的浸透過程における自己開示の深さと広がりの関係
（Altman et al., 1973, 対人行動学研究会, 1986, p.245）

　私たちは日常の人間関係において，何となく話しやすい人と話しにくい人がいる。波長のあう人とあわない人がいる。もちろん好意を感じている人には自己開示が多くなり勝ちであるが，そうでなくとも，聞き上手な人に出会うと思わずいろんなことをしゃべり，自己開示してしまう。頷いたり，相づちを打ったり，微笑んだり，話し手に共感的，受容的態度で接することのできる人である。いわゆるノンバーバル・コミュニケーション・スキルの効果も大きいと思われるが，ミラーら（Miller et al., 1983）は，こうした自己開示を引き出しやすい人を高オープナーとよんだ。高オープナーは話し手から好意的に評価されるだけでなく，内面的な自己開示を受け，したがって友人も多いという。表6−1は，小口（1989）によるミラーらのオープナー尺度の翻訳版である。オープナー尺度は，相手を打ち解けさせて開示を引き出す「なごませ」因子と，興味をもって相手の話を聞く「共感」因子からなるという。

4．自己呈示

　上述の自己開示は，ありのままの自分を開示することによってオープン領域を広げ，自分をよりよく知ってもらおうとする動機にもとづくものであった。

表6－1　オープナー尺度（小口，1989，堀ほか，1994，p.231）

1．人からその人自身についての話をよく聞かされる。
2．聞き上手だといわれる。
3．私は他人の言うことを素直に受け入れる。
4．人は私に秘密を打ち明け，信頼してくれる。
5．人は気楽に心を開いてくれる。
6．私といると，相手はくつろいだ気分になれる。
7．人の話を聞くのが好きである。
8．人の悩みを聞くと同情してしまう。
9．人に，何を考えているのか話すように持ちかける。
10．私は他人がその人自身の話をしているとき，話の腰を折るようなことはしない。

　一方，自己呈示（self presentation）は，自分をこのように見せたい，あるいは見てもらいたいという目的をもって印象を操作することである。たとえば就職面接の場で，どうすれば採用担当者に気に入られるか，どうすればもっとも効果的に自分をアピールできるかを考えて行動するとき，自己呈示しているのである。そこには見せたい自分，相手が望むイメージに合わせた自分がある。ときには素直に，ときには意志強固に見せるために，まさに自己という商品をプレゼンテーションする。ザンナら（Zanna et al., 1975）は，魅力的な男子学生と会うことになった女子学生は，男性がもつステレオタイプな女性像に合わせた自己呈示をすると報告している。
　いずれにしても私たちは普段，いろんな場面で知らず知らずの間に，その成果はともかくとして印象操作をしているということである。善良な人間に見てほしいとか，大物に見てほしいとか，ときには哀れな人間であるから手荒くしないでほしいとか，いろんな手を使って自己の印象操作をしている。たいして面白くもないのに大げさに笑って見せたり，反対に笑いをこらえて渋面を作って見せたり，自己呈示はノンバーバルにも行われる。自己呈示するためにいろんなコミュニケーション・スタイルをとる。しかし最終的に自己呈示の成果が出るかどうかは，自己呈示する本人の側ではなく，受け手が送り手の期待するような認知をするかどうかにかかっている。その意味ではまさにコミュニケーションがそうであるように，自己呈示もまた受け手の解釈に依存することになる。自己呈示もまた，送り手と受け手のキャッチボールから成立するといえる。

送り手の期待通りに認知されなかったとき，つまり自己呈示に失敗したとき，自己呈示したが故にありのままの自己とはかけ離れた印象を与えることもある。作為的な自己呈示にはリスクがともなうということである。

ジョーンズら（Jones et al., 1982）は，積極的に自己を印象操作するとき，それを主張的自己呈示と呼び，次のように分類している（安藤，1994）。

①取り入り（ingratiation）：相手から好感をもたれることを目的として，相手の意見に同調したり，過剰な気遣いをしたり，お世辞をいったりするなどである。相手がそれに乗ってくれればよいが，そうでない場合，取り入ったがために卑屈な同調者，追従者と受け取られる。

②自己宣伝（self-promotion）：有能な人間であると見られることを目的として，実力や業績を自慢したり，やる気が人一倍強いとかをことさら強調するなどである。それで相手が羨ましく思い，尊敬してくれればよいが，失敗した場合，不誠実なうぬぼれ者と受け取られる。

③示範（exemplification）：道徳的にすばらしい，立派な人格者であると見られることを目的として，自己犠牲をいとわず献身的に努力するなどである。それで敬愛を得られれば成功であるが，失敗すれば偽善者と受け取られる。

④威嚇（intimidation）：従わなければ攻撃される，危険にさらされるといった恐怖感をもたせ，強い人間であると見られることを目的として，恫喝したり，怒ったりするなどである。それで影響力を行使できればよいが，失敗すればうるさい無頼者とか強がりと受け取られる。

⑤哀願（supplication）：威嚇と反対に，弱く哀れで，不幸な人間だから，援助が必要だと見られることを目的として，身体的，精神的に困難な状況にあるとか，失敗してみせるなどである。哀願することで援助を引き出せれば成功であるが，失敗すれば怠け者で依頼心の強い人間だと受け取られる。先のザンナらの研究は魅力的な男性に気に入られるために，女性はか弱いという男性のステレオタイプを逆手にとった哀願の事例である。

5．交流分析

コミュニケーション・プロセスでは，メッセージは送り手と受け手の間を往

来する。それをさらに送り手のパーソナリティ構造，受け手のパーソナリティ構造，そして両パーソナリティ構造間の交渉を一体として，つまり一つの社会的単位として分析を試みたのがバーン（Berne, 1964）である。彼は2人のやりとりである社会的交渉の単位を交流（transaction）と呼び，その分析を交流分析（transaction analysis）と呼んだ。もともと心理療法の一つとして開発されたが，現在では広く対人関係のあり方を分析する道具として発展している。

1 自我状態

一定の行動パターン群をともなう思考と感情のシステムを自我状態という。パーソナリティはペアレント（Parent），アダルト（Adult），チャイルド（Child）の3種の自我状態から構成される。つまり人は誰でもペアレント，アダルト，チャイルドを自分のなかにもっている。そしてそのいずれかの自我状態から発信したり反応したりする。たとえば「今，あなたの反応はペアレントから出ています」というとき，「あなたは今，親あるいは親代理の一人がかつてそうであったような心理状態になっており，その人と同じ姿勢，身振り，語らい，感情で反応しています」を意味している（訳書，P.30）。

①ペアレント：親または親代理から受け入れた自我状態で，批判的ペアレント（Critical Parent）と養育的ペアレント（Nurturing Parent）からなる。

②アダルト：客観的な情報処理ができる自我状態である。

③チャイルド：かつての子ども時代と同様の行動をとろうとする自我状態で，自由なチャイルド（Free Child）と順応したチャイルド（Adapted Child）からなる。杉田（1985）は，各自我状態の性質を表6－2のようにまとめている。

2 交流パターン

交流とは，送り手の自我状態から出た交流刺激が受け手に到達し，次に受け手の自我状態から交流反応が送り手に戻ってくるやりとりのことで，バーバルとノンバーバルの両方を含む。交流分析とは，対人関係の中で行われるさまざまなやりとりを分析することによって，人間関係のあり方を理解することである。そして人間関係に問題があるならば，その原因は何か，どこから生じているのか，どうすれば解決できるのかを考えることである。その中から送り手，

表6-2　自我状態とその性質（杉田，1985より作成）

自我状態	ペアレント		アダルト	チャイルド	
	CP	NP		FC	AC
性質	偏見的 封建的 権威的 非難的 懲罰的 批判的 排他的	救援的 甘やかし 保護的 なぐさめ 心づかい 思いやり	情報収集的 事実評価的 客観的 合理的 知性的 分析的	本能的 積極的 創造的 直感的 感情的 好奇心 自発的 行動的	順応的 感情抑制 反抗心 消極的 依存的 イイ子

受け手がそれぞれに自己のあり方に気づき，成長することである。交流は直線と点線のベクトルで示される。交流パターンには以下の3タイプがある。

①補完的交流（complementary transaction）：刺激と反応が平行線をたどる交流で，2つの同じ自我状態間か，またはチャイルドに対するペアレントなどその他の2つの補完的自我状態においてなされる（図6-4）。両者の交流が補完的である限り，コミュニケーションは継続する。

②交叉的交流（crossed transaction）：刺激と反応が交叉する交流で，刺激がめざした相手の自我状態とは異なった自我状態から反応が行われるために起こる（図6-5）。交叉する交流ではコミュニケーションはそこで途絶え，関係は悪化する。

③潜在的交流（duplex transaction）：社会的水準で行われる表の交流（実線）と心理的水準で行われる裏の交流（点線）が同時に進行する二重の交流である（図6-6）。社会的水準の交流しか見えないが，隠れた心理的水準の交流をもキャッチしなければ複雑な対人関係は理解できない。表面的にはもっともらしい会話でありながら，そこには話されなかったメッセージ，つまり裏面の動機があり，バーンのいう「ゲーム遊び」が水面下で行われているのである。ゲーム遊びとはワナやからくり，かけひきのことである。このようなゲーム遊びを回避するためには交流をオープンに，しかも正直にしなければならない。また裏面の動機をもつようなメッセージに遭遇すれば，疑問を示すフィードバック

対人文脈におけるコミュニケーション　　77

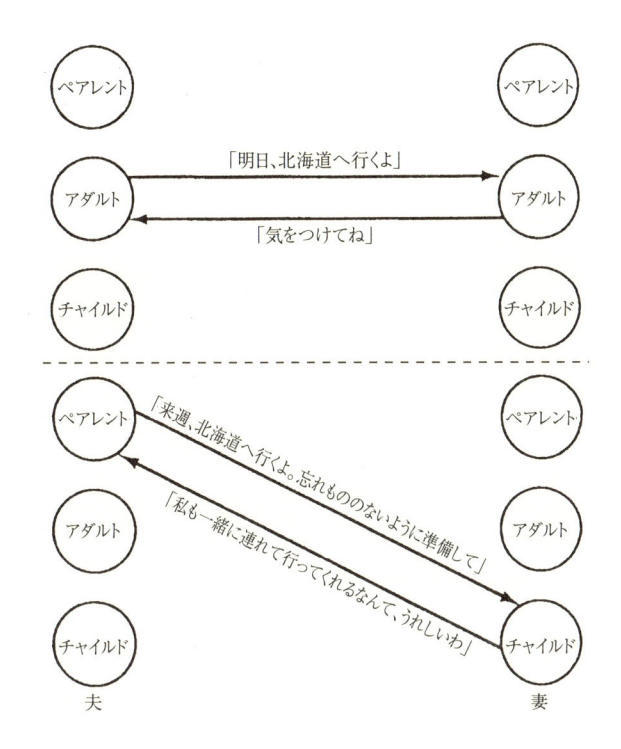

図6-4　補完的交流　刺激と反応が平行線をたどる交流。

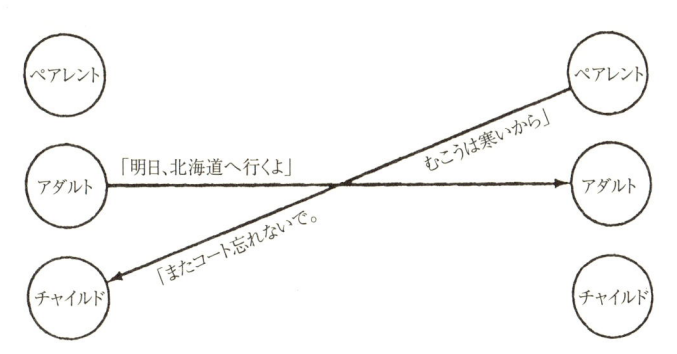

図6-5　交叉的交流　刺激と反応が交叉する交流

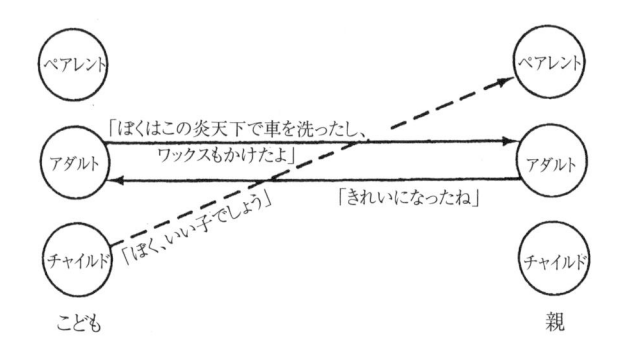

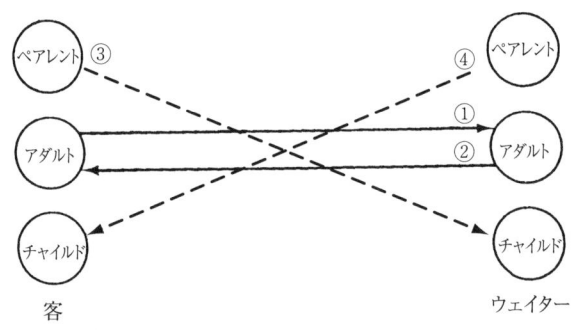

「ぼくはこの炎天下で車を洗ったし、ワックスもかけたよ」
「きれいになったね」
「ぼく、いい子でしょう」

こども　　　　　　　　　　　　　親

レストランで。
①このグラスを交換して下さい。
②かしこまりました。すぐに代わりをもって参ります。
③こんな汚いグラスを出して、よくも一流のレストランといえるね。
④乾燥時にちょっと水滴がついて、
　それが乾いただけじゃないですか。大袈裟な！

図6-6　**潜在的交流**　実線の社会的交流と点線の心理的交流が同時に進行する交流。を効果的に用いる必要がある。健全な対人関係は、交叉したり潜在的な二重の関係ではなく、補完的関係を維持しなければならない。

6. 共感的理解

他人をよりよく理解するには、その人の言動の意味内容だけでなく、その言

動をする気持ちを共感的に理解できなければならない。共感的に理解するとは，相手の立場に立って物事を考え，感じることができることをいう。まずは相手の感情を妥当なものとして受け入れる受容の態度が必要である。真の相互理解はそこから始まる。そのためには積極的傾聴（active listening）が重要である。

1　積極的傾聴

すでに述べたとおり，聞く（hear）とは「聴覚で音声を感知すること」であり，聴く（listen）とは「音を聞いてその意味を理解しようと注意を傾けること」である（ランダムハウス英語辞典）。斉藤（1972）は，聴くことの難しさ，重要さを，世間話をするときのような努力と忍耐を必要としない「半ぎき」と，極秘情報を聴くときのように集中する努力と忍耐が必要な「本ぎき」に分けて考察している。積極的傾聴はロジャーズ（Rogers）によって開発されたカウンセリングの技法である。積極的に傾聴するとは，単に受動的に聞くのではなく，相手の言動から感情をも含めて聴き取る努力をすることである。共感的に聴くことである。積極的傾聴は，話されている内容（コンテンツ，content）だけでなく，話している相手の感情の流れ（プロセス，process）をも同時に観察し，共感することによって可能となる。

関（1965）は，共感的理解のためには感情のフィードバックが必要だと指摘し，たとえば次のような例をあげている（p.93）。これは部下のいうコンテンツのフィードバックだけではなく，コンテンツをつつんでいる感情のフィードバックをしているのである。

　　従業員「上司はこの壊れた機械をどうしろというのですか」
　　監督者「この機械のことで，ちょっと気分をこわしているようだね」

感情をフィードバックするためには，次のような共感的理解でないものから解放される必要がある。そして，相手の発言の内容と感情をフィードバックする，理解（understanding）する態度をもつことが重要であるという。

①評価（evaluation）する態度：相手が採用できる価値基準を示すこと。たとえば「それは効果がないと思いますよ」など。

②解釈（interpretation）する態度：相手の心理の動きについて推測すること。たとえば「あなたは結局のところこうしたいんですね」など。

③指示(direction)する態度：相手の困難を直ちに改善する手段をとろうと試みること。たとえば「このようにしてはいかがですか」など。

④探索(probing)する態度：相手からもっと情報を得ようとすること。たとえば「どうしてそれがいいと思ったのですか」など。

2 プロセス・オブザベーション

それでは感情の流れを観察し，共感的理解をするためには具体的にどのように考えればよいのだろうか。そのためには感受性訓練(sensitivity training)におけるプロセス・オブザベーションの考え方が有効である。まず他者とのやりとりのなかで，感覚的にとらえられたものをデータ(data)という。自分の言動に対する相手の反応をデータとして感覚的にとらえ，そのデータが何を意味しているかを考えて次の行動に移る。このデータに意味づけられたものをコンテンツという。したがって私たちの日常生活における言動は，データとそれが意味づけられたコンテンツによってなされているといえる。私たちはコミュニケーションにおいて相手のことば，表情，身振りといったデータ，あるいはその用件の内容であるコンテンツを観察する能力はかなり発達している。しかしこれらのデータやコンテンツ以上に見落としてはならないものがプロセスである。プロセスとは，データやコンテンツとしてとらえられたことばや態度に対して，それらの底に動いている流れとしての感情とか気持をとらえるために，「なぜそんなことばを発し，なぜそのような態度をとるのか」という疑問を提出することである。私たちは，相手のことばから何を(what)とか，どうして(how)ということはよくとらえるが，なぜ(why)ということを直接的にとらえることには無関心すぎる。「彼はあんなけしからんことをした」とか「彼の態度は間違っている」といったデータやコンテンツだけでなく，「なぜ彼はあのようなことをしたのだろうか」「なぜ彼はあのような態度をとるのだろうか」を問題にしなければならない。「彼は私の質問に一向に答えようとしないが，なぜだろうか」というとき，単に黙っているといった行動的なデータや，質問している意味が分からないからだろうといったデータに意味づけをしたコンテンツでもなく，その場において，ことばのやりとりの底に流れている感情の流れ(プロセス)を見ようとしているのである。結局，話の内容だけでなく，な

ぜその人は，その場において，そのような内容の話をするのかという，その人の心情をとらえなければその人を真に理解したことにはならない。その話の底に流れている心情はいかなるものか，データやコンテンツをとらえると同時に観察できなければならない。その心情，すなわち感情の流れをプロセスというのである。このプロセスの観察をプロセス・オブザベーションという。共感的理解はプロセス・オブザベーションの先にあるといえる。

7．対人魅力

　私たちはさまざまな人と出会い，次第に対人関係が発展するにともない，親密化が進み，ある特定の人を好きになったり，嫌いになったりする。好きな人には近づきたいし，嫌いな人とはできるだけ離れていたいと思う。先生が好きになってよく勉強するようになった子や，職場の人間関係が原因で出社拒否に陥る新入社員など，対人関係の好き－嫌いにまつわる話は枚挙にいとまがない。その幅は大変好きから大変嫌いまで途方もなく広い。人が感じる好悪の感情を対人魅力（interpersonal attracrion）という。対人魅力は，単に好き－嫌いというだけでなく，その人の行動のあり方に大きく影響する。好きな人の意見は容易に受け入れ同調するが，嫌いな人の意見には分かっていても同調できないなど，理屈では解決できないことが多い。まさに人間とは感情の動物で，対人魅力が基底にあって対人関係，対人コミュニケーションが支配されることもまれではない。

　それでは対人魅力を規定する要因にはどのようなものがあるのだろうか。

　①近接性（proximity）：家が近いとか席が近いなどの理由で親しみを感じ，好意的感情をもつことがある。初対面の人が，同じ駅で乗り降りするというだけで親しみを感じたりする。古典的研究としてはフェスティンガーら（Festinger et al., 1950）の，既婚学生アパートでのソシオメトリック・テスト結果がある。入居時には初対面であった学生が，入居後6カ月の調査でもっとも親しくなったのは隣同士であった。ただし距離が影響するのは出会いの初期段階であることも知られており，ひとたび嫌いになれば近さが一層その感情を増幅することもありうる。近接性による対人魅力は接触頻度にもとづく単純接触仮説（mereexposure hypothesis）や友人関係形成の報酬とコストにもとづく相互依存性理論（theory of interdependence）などから説明がなされる。

　②物理的環境（environment）：蒸し暑くて混み合った部屋や騒音の激しい部屋といった不快な状況に同室する他者に対する対人魅力は低下するなど，物理的環境の善し悪しが対人魅力に影響するという研究がある（Griffitt et al., 1970）。しかし劣悪な環境下で同じであったという連帯感が好意的感情を生むこともありうる。物理的環境と対人魅力の関係は，快適さと連合した者は好まれるという強化－情動モデル（reinforcement-emotional model）などから説明される。

　③身体的魅力（physical attractiveness）：かつて女性の結婚相手には3高（身長，月給，学歴が高い）などという流行語があったが，身体的魅力が対人魅力の規定因であることはいずこも同じである。しかし美しさなど身体的魅力が影響するのは出会いの初期段階であることも知られている。これは外見が対人魅力の決定に第1次的手がかりを与えるということであろう。「美しいことはよいことだ」というステレオタイプが発達の初期段階から刷り込まれてきた結果と考えることができる。しかし表面的に魅力的な人が，内面的にも魅力的であるとは限らない。また魅力的であるために，かえって嫌われることもある。結婚相手には自分の魅力と釣り合った人を選ぶという現実的な釣り合い仮説（matching hypothesis）もある。

　④態度の類似性（similarity of attitudes）：私たちは考え方や感じ方が似ている人には親しみを感じやすい。古典的研究としてはニューカム（Newcomb, 1961）の，学生寮に入った新入生の友人選択過程の追跡調査がある。最初は部屋が近い近接性にしたがって友人関係ができたが，約4カ月後には大学生活や宗教，政治などに関する態度の類似した友人と親しくなっていることが分かった。態度の類似性と対人魅力の関係については，態度の類似した他者は自分の態度の妥当性を認めてくれるという点で報酬的であり，似たもの同士で相手を理解するのにコストがかからないという意味で相互依存性理論，ある対象に対して両者が類似の態度をもつことは，3者関係がバランスのとれた安定的で快適状態であるというバランス理論（balance theory）などからも説明がなされる。また相互に態度が類似するほど相手への魅力が直線的に増すという類似性－魅力仮説（similarity-attraction hypothesis）もある。

⑤他者からの評価（evaluation from others）：私たちは自分をよく評価してくれる人を好きになり，悪く評価する人を嫌いになる。他者から高い評価を受けることは承認欲求や自尊心を満足させるという報酬的効果をもつため，報酬を与えてくれる相手に好意をもつことになる。その他者に対する好意は他者にとっても報酬となるから，好意を返報したことになる。これを好意の返報性（reciprocity of liking）という。嫌いな場合も同様である。アロンソンら（Aronson et al., 1965）によれば，最初から一貫して好意的評価を受けるよりも，最初は否定的評価だが，途中で肯定的評価へ変化させた方が相手に対する魅力は高くなる。反対に，最初から一貫して否定的評価を受けるよりも，最初は肯定的評価をし，途中で否定的評価へ変化させると，相手への魅力は大きく低下すると報告した。彼らはこれを，最初の低い評価による不安・不満が評価の変更によって解消し，かえって好意が増すという不安低減説（theory of anxiety reduction）で説明した。

7章
集団文脈におけるコミュニケーション

　私たちは人と人との間に生きている。社会生活の中で人は集まり，何かを行う。たとえば，勉強したり，遊んだり，仕事をしたりする。人が集まって，他の人たちとコミュニケーションをとる。このように，人が集まり，そこで相互作用が行われている状態を集団と呼ぶ。ここでは，集団におけるコミュニケーションについて，集団の特質（集団規範，集団圧力と同調，集団凝集性），コミュニケーション構造やスタイル，集団の意思決定など，さまざまな観点から紹介する。まずは，集団とはどのようなものか考えてみよう。

1．集団とは

1　集団の定義
　私たちは通常いくつもの集団に所属している。たとえば大学生の場合，家族の一員であり，大学の学生であり，サークルの一員でもある。集団は複数の人々によって構成される。しかし，たまたまバス停で待っている人々や映画館にいる人たちは集合（aggregate）しているだけで集団とはいわない。広田（1963）は，集団と呼ぶためには以下のような条件があるとしている。
　①対面的熟知性：集団を構成する人（成員：メンバー）が限られており，各成員の名前や行動特徴を把握していること。集団の成員は対面的な関係であり，成員間に個人的な印象や知覚がある。
　②一体感の知覚：成員自身に自分たちが集団を構成しているという一体感がある。
　③目標の共有：成員相互に共通の目標を持っているという実感がある。

④相互活動：成員相互が言語によるコミュニケーションや非言語的コミュニケーションによってコミュニケートしあい，影響しあっており，欲求や行動の相互依存性が見られる。

⑤地位と役割の分化および規範の共有：成員それぞれに地位に伴った役割が決められていること。リーダーやフォロワーなどの分類がこれにあたり，個人の行動に許容範囲や規範が存在する。

2 公式集団（フォーマル・グループ）と非公式集団（インフォーマル・グループ）

集団にはさまざまな種類があるが，ここでは公式集団（フォーマル・グループ）と非公式集団（インフォーマル・グループ）を紹介する。集団は，組織の目的達成のためにつくられた公式（フォーマル）の集団と心理的な結びつきから自然発生的に生じた非公式（インフォーマル）の集団に分けられる。公式集団では，目標達成のために規則が定められ，役割や地位とそれに応じた権限があり，能率の論理にしたがう関係である。たとえば，組織図上に現れる営業，経理，総務などの職種や，部・課・係などの階層で分化している集団である。これらは，機能的な集団といえる。これに対して非公式集団は，利害・思想・性格・出身などが類似し，共通していることが契機となり，気が合うもの同士がつくるもので，感情の論理にしたがう自然発生的に形成される集団である。これらは情緒的な集団といえる。

組織における非公式集団が重要視されるようになったのは，偶然の産物であった。

ウェスタン・エレクトリック社のホーソン工場におけるメイヨー（Mayo, E.）らによる調査研究は，ホーソン実験として知られている。当初，生産性と照明などの物理的条件との関係を調べるための研究であったが，調査を進めるにしたがって，職場の生産能率を決定するのは物理的条件よりも社会心理条件，つまり情緒的な人間関係であることが明らかになった。特に，非公式な人間関係の影響は大きく，その集団の独自の生産量を決めていただけでなく，働きすぎてはいけない，怠けすぎてはいけない，といった規範に従い，出来高払い制であったにもかかわらず生産を制限するほどであった（生産制限規範参照）。

3 集団の形成

1) 集団形成の条件

集合から集団になるために必要な条件として，以下のことがらが考えられる（末永ら，1961）。

①個体間の特性の類似：年齢・性・興味価値・性格・行動・特性などの類似性があること。

②他者から容認されているという知覚：集団あるいは集団成員から受け入れられているという知覚が集団形成を促進する。

③群居性への欲求：集団に加入して他の人々と結びつくこと自体が目標であり，しかも満足の源泉である場合。

④成員相互の物理的環境：空間的に近い場所に住んでいたり，席が近い人同士が集団を形成しやすい。

⑤集団の目標・課題：集団の形成過程での集団目標や課題が集団の構造や機能の出現に影響を及ぼす。

⑥集団の置かれた社会的状況：集団が置かれた状況から外部的に規制されて集団形成を促進し，集団間の相互関係を密にして内部の結合を固める場合がある。

2) 集団形成過程

すぐに集団ができるわけではない。人と人が親しくなるのに時間がかかるように，集団でもその形成には過程があると考えられる。ハートレーとハートレー（Hartley & Hartley, 1952）は，集団形成の過程を①探り合いの段階，②同一化の段階，③集団目標が発生する段階，④集団規範の発生する段階，⑤内集団－外集団態度形成の段階，⑥集団雰囲気形成の段階，という6つの段階に分けている。

彼らは，集合という状態から集団へと変化していくプロセスについて，集団となってもその状態は常に固定化しているものでなく，流動的なもので，集団自体が変化し発達するという過程を示す。

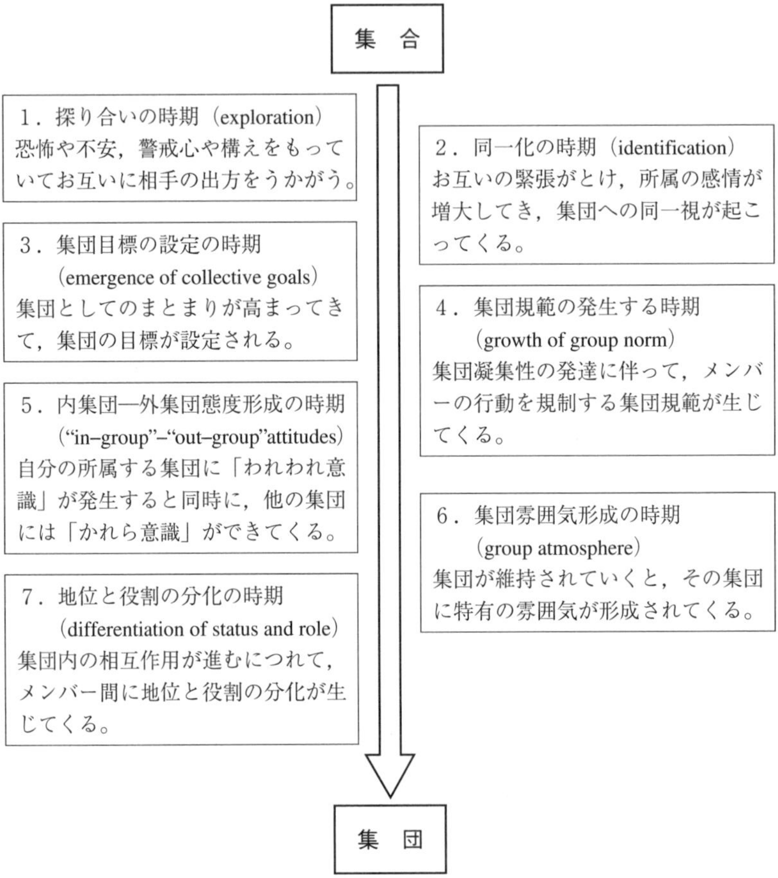

【集　合】

1．探り合いの時期（exploration）
恐怖や不安，警戒心や構えをもっていてお互いに相手の出方をうかがう。

2．同一化の時期（identification）
お互いの緊張がとけ，所属の感情が増大してき，集団への同一視が起こってくる。

3．集団目標の設定の時期
　　（emergence of collective goals）
集団としてのまとまりが高まってきて，集団の目標が設定される。

4．集団規範の発生する時期
　　（growth of group norm）
集団凝集性の発達に伴って，メンバーの行動を規制する集団規範が生じてくる。

5．内集団―外集団態度形成の時期
　　（"in-group"-"out-group"attitudes）
自分の所属する集団に「われわれ意識」が発生すると同時に，他の集団には「かれら意識」ができてくる。

6．集団雰囲気形成の時期
　　（group atmosphere）
集団が維持されていくと，その集団に特有の雰囲気が形成されてくる。

7．地位と役割の分化の時期
　　（differentiation of status and role）
集団内の相互作用が進むにつれて，メンバー間に地位と役割の分化が生じてくる。

【集　団】

図7－1　集団形成のプロセス（Hartley et al., 1952）

2．集団の特質

　ここでは集団の特質について，集団凝集性（group cohesiveness），集団規範（group norm），集団圧力（group pressure）と同調行動（comformity）について考えてみよう。

1 集団凝集性

1）集団の凝集性

　今までに学校で入っていたいくつかのクラブ活動の中で，あるクラブではまとまりがよかったのに，別のクラブではまとまりが悪かったということはないだろうか。たとえば，全国大会にもう少しで出られるという状況を考えてみよう。みんなで県大会で優勝しようという共通の目標があれば，その集団のまとまりは強くなると考えられる。逆に，連戦連敗で，みんなが負けた理由をすべて人のせいにするようになれば，集団は今にも崩壊してしまいそうに思える。このように，クラブだけでなく，職場集団でもまとまりのよさには違いが見られる。集団成員がお互いに自由にコミュニケーションできて職場の雰囲気がよく，雇用も安定しているときはまとまりもよくなるが，効率化が進み，一人ひとりの仕事量が増えて自由にコミュニケーションをすることもできず，いつリストラの対象になるかもわからない場合には，集団のまとまりも悪くなりがちである。

　集団がまとまりを持つためには，成員を結びつけ集団のまとまりを強める作用が必要になってくる。それが集団の凝集性であると考えられる。

2）凝集性を高める要因

　職場集団の凝集性に影響を与える要因にはどのようなものがあるのだろうか。次に，凝集性を高める要因を考えてみよう。

　①集団目標の明瞭度：集団の目標が明らかであり，目標達成の方法が明確であること。たとえば，先にあげたように全国大会出場を目指し，県大会優勝まであとひといきであるとき，集団のまとまりは高まるだろう。

　②集団活動自体が魅力的である：集団の活動内容が成員にとって魅力的である場合や興味にあふれているときに凝集性は高まる。

　③集団成員間の相互交渉の頻度：集団内のコミュニケーションが相互に自由であるとき，集団への魅力度は大きくなる。逆に成員間のコミュニケーションが不十分であれば，相手にうまく伝わらなかったり，誤解が生じてまとまりが悪くなってしまう。

　④集団が大きすぎないこと：集団のサイズが大きすぎると，コミュニケーションも希薄になりやすく，満足度や凝集性も低下する。たとえば，会社の経営

者が従業員を家族のように感じ，まとまりがあると思える限界は，従業員の顔と名前が一致し，その従業員の家族構成までわかる程度までともいわれる。

⑤集団間の競争状況：他の集団と葛藤，競争状況にある場合，その競争が激しいほど，凝集性が強くなる傾向にある。たとえば，宿敵であるK大学との対決で自分の大学を応援に行ったとき，みんなが一体となって応援する。また，政党や会社内の派閥争いで競争状態にあるとき，派閥内の凝集性は強くなる。

⑥外部からの脅威：集団が外部から攻撃を受けると，凝集性が高まる。たとえば，SF小説によくあるエイリアンが地球征服を企てたり，地球に小惑星が衝突しそうになったとき，人種や民族，宗教をこえて地球人が協力する，というのもそのひとつである。また，ある宗教団体が警察など外部からの脅威という名目で凝集性を高めていたこともある。

2 集団規範

私たちの所属している集団には，それぞれが守るよう期待されている一定の行動，判断の基準がある。たとえば，慣例，前例，暗黙の了解といった非公式なもので，こうした規範に沿った行動をとることを期待される。

1）生産制限規範

ホーソン実験の結果，作業員達の間に働きすぎても怠けすぎてもいけないといった暗黙の申し合わせのようなものがあり，これに反するものにはさまざまな制裁を加えられるという事実が認められた。これらはいずれも集団規範の例である。こうした規範は，生産量を仲間の中で適当とみなされている一定の水準に制限する働きがあることから，生産制限規範と呼ばれている。

生産制限規範の例として，カッチとフレンチ（Coch & French, 1948）による実験を見てみよう。彼らはパジャマを作る工場で配置転換によってアイロン掛けを担当している女性たちのひとりに注目し，毎日の生産量を観察した。この会社では標準作業量が1日あたり60単位で，この水準を達成すると熟練工と認められていたが，配置転換された人たちは50単位を生産していた。最初のうちは不慣れなために生産量は少なかったが，55単位を超えるところから働きすぎだと非難され，再び作業量は低下した。その後，会社の都合で彼女ひとりを残して作業を行ったところ，急速に作業量を伸ばし，数日後に90単位を超えると

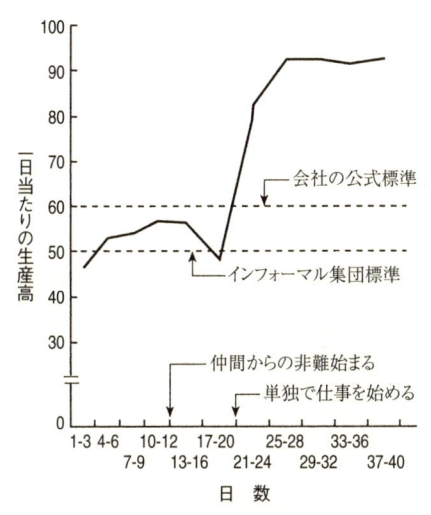

図7−2　ある女子従業員の生産記録（Coch & French, 1948）

ころまでいった。このことは，仲間の生産制限規範が作業量を抑えていたことを示している。

2）集団規範の形成過程

　真っ暗な中で小さな光点を凝視すると，光点は実際には動いていないにもかかわらず不規則な運動をしているように見えてくる。これを自動運動現象という。シェリフ（Sherif, 1935）は，この自動運動現象を用いて実験を行った。第一グループは最初に個人が光点の移動距離を報告する。このときは個人差が大きい。次に他のメンバーと一緒に移動距離を報告する。この作業を繰り返していくうち，ばらついていた移動距離は次第に一定の値を中心として安定したものになる。これを「集団規範の成立」であるとした。

3）集団規範の測定

　集団内に存在する規範を計量的に測定し表示する方法に，ジャクソン（Jackson, 1960）のリターン・ポテンシャル・モデル（return potential model）がある。このモデルは，問題とする具体的行動の次元を横軸に，評価の次元を縦軸に取り，横軸の各点の行動に対して当該集団が与えるであろう評価を記入し，それをつないだ曲線をリターン・ポテンシャル・モデルと呼んだ。

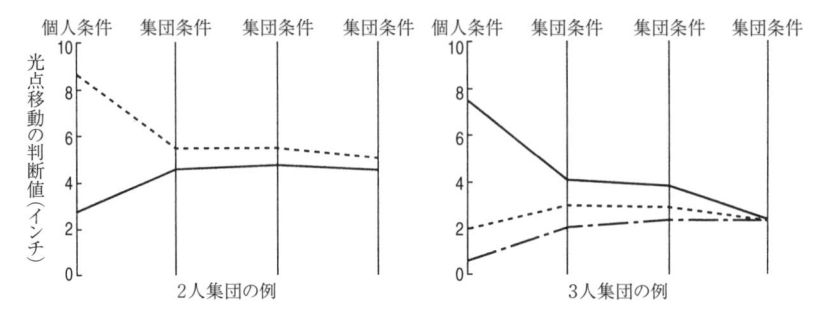

図7-3　光点の見えの移動距離（Sherif, 1936）

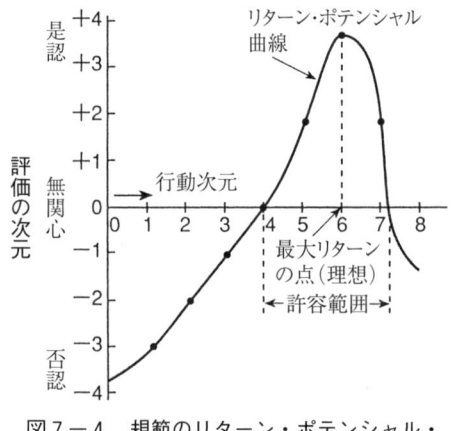

図7-4　規範のリターン・ポテンシャル・モデル（Jackson, 1960; 佐々木，1971より）

　①最大リターンの点：曲線の最大値に対応する横軸上の点。集団が理想とみなす行動型を示す。
　②許容範囲：曲線が是認の領域にある横軸上の範囲。この範囲内の行動の場合，否認されない。
　③規範の強度：横軸の各測定点から曲線までの高さの絶対値を合計した値。この数値が大きいほど規範への同調を促す集団圧力が大きいことを意味する。
　④是－否認差：是認の総量（許容範囲内の各測定点から曲線までの高さの合計）と否認の総量（許容範囲外の各測定点から曲線までの高さの合計）の差。値が正の場合は規範が支持的，不の場合は規範が威嚇的であることを示す。

⑤規範の結晶度：各行動次元における成員間の評価の一致度。成員による評価値の分散の和を指標とし，値が小さいほど規範の結晶度が高いことを示す。

3 集団圧力と同調行動

喫茶店に入って注文するとき，他のみんながコーヒーを頼むのに，ひとりだけチョコレートパフェを頼むのはなかなか勇気がいる。みんなと違うことをしようと思っても何らかの圧力を感じてみんなにあわせてしまうことがある。このように集団成員に対してその規範に同調するよう働く有形無形の拘束的な力のことを集団圧力（group pressure）といい，斉一性への圧力（pressure toward uniformity）ともいう。

1）同調行動

アッシュ（Asch, 1951）は，同調行動（comformity）に関する以下のような実験を行った。

実験では7人一グループになり，最初に標準刺激として1本の線分が示される。3本の比較刺激の中から標準刺激と同じ長さの線分をひとつ選ぶというものである。被験者が答える課題は通常，誤答が1％にも満たない簡単な課題である。ところが，7人のうち6人が実験者に依頼されたサクラで，ひとりだけが真の被験者である。サクラはあらかじめウソの答えをするよう指示されていて自信を持って違う答えを言う。そうすると最後から2番目に答える真の被験者は自分が正しいと思う答えを言うことができるだろうか。このとき，真の被験者で誤答のなかったのは4分の1に過ぎず，4分の3は少なくとも1回は集団圧力に影響され，多数派の答えに合わせて回答した。つまり，答えははっきりしているのにひとりだけまわりと違う答えをせず，多数派に同調してしまったのである。

2）情報的影響と規範的影響

ドイッチとジェラート（Deutsch & Gerard, 1955）は，他者から得た情報を客観的な事実の基準として受け入れる場合を「情報的影響」とよび，先のシェリフの実験はこれにあたる。一方，集団の多数派から孤立することを恐れるような周囲の状況によって自分の意見を他者に合わせていくという影響を「規範的影響」と呼んだ。生産集団規範やアッシュの実験はこれにあたる。

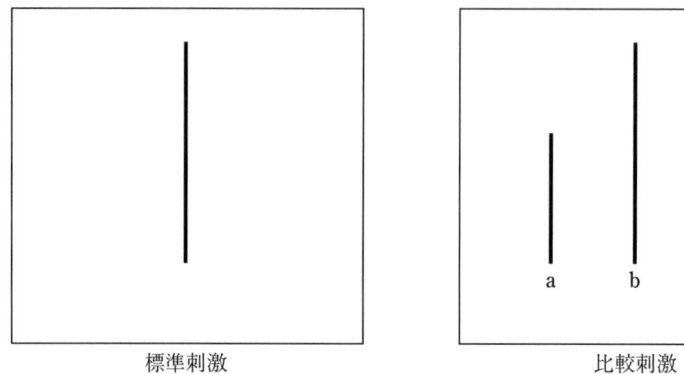

図7-5　アッシュの同調実験で用いられた課題（Asch, 1951）

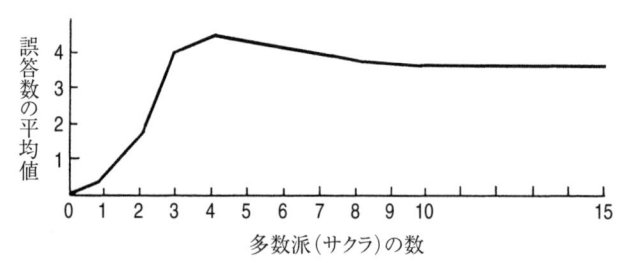

図7-6　さまざまな集団サイズにおいて異口同音の多数派に
同調した真の被験者の誤答数（Asch, 1951）

3）同調に影響を及ぼす要因

　同調に影響を及ぼす要因として，集団を形成する人数，つまり集団の大きさがある。アッシュ（Asch, 1951）は，集団の人数を真の被験者1人に対してサクラの人数を1人から15人まで増やして同調率を調べた。その結果，サクラが4人までは同調率が増加したが，それ以上はサクラの人数が増えても同調率は増加しなかった。

　また，集団内の一致度も影響を及ぼす要因となる。サクラの中のひとりが極端に逸脱した回答をしたり常に正しい回答をしたときには被験者の同調率は落ちることが確認されている（Morris & Miller, 1975）。さらに，集団のまとまりのよさ（凝集性）も影響する。木下（1964）は，高校生を対象にまとまりのよ

い集団の方が同調行動が多く起こることを明らかにしている。

4）いじめと同調行動

　同調行動は私たちの生活のさまざまなところに見られる。ここではいじめと同調行動の関連について考えてみよう。一般に，いじめの構造から見ると，その構成要因にはいじめられっ子，いじめっ子集団，調停者，そしてまわりの子どもたちで構成されている。このまわりの子どもたちは，はやしたてる子どもたちである観衆と単に見ているだけの子どもたちである傍観者に分けることができる。日本におけるいじめの特徴のひとつは大多数の子どもが観衆や傍観者となり，調停者がほとんど出てこないことである。はやしたてたり見ているだけの子どもはいるが，調停者が出てこないのはなぜか。もし，やめるようにいうと，自分がいじめられるきっかけになってしまうからである。いじめられる理由は非常に簡単で，人と違うところがあれば何でもよい。そうすると，いじめられないようにみんなと同じであることに気を使い，みんなからはみ出ることを極端にいやがる。集団の圧力に従って同調することでいじめられることからのがれているだけで，正面から間違ったことに向かっていく正義感は感じられない。特に観衆は長いものに巻かれやすく同調傾向が強い。こうしたいじめの背景には，みんなと同じであることを重視して違いを認めない「異質の排除」がある。日本のように同じ言葉をしゃべり，同じような顔をした人たちが，みんなと同じ時期に協力し合って農作業をしてきた歴史の中で培われてきたものである。

3．集団におけるコミュニケーション構造

　集団内で成員同士がお互いにコミュニケーションを行っている場合もあれば，全くコミュニケーションを行っていない成員もいる。このような成員同士のコミュニケーションについて以下に典型的な例を紹介する。

1　コミュニケーションパターンの種類と効果

　集団内における情報の伝達や交換に関する側面としてのコミュニケーション構造について記述する。リービット（Leavitt, 1951）は，コミュニケーション

表7-1 コミュニケーション構造の効果（Leavitt, 1951より）

ネットワークの型	ネットワークの特徴	課題解決の効率	リーダーの出現	メンバーの満足度
サークル	分散型	効率は低い	決まらない	満足度は高い
チェーン	部分集中型	中間	中間	中心は高い満足度，周辺は満足度低い
Y	部分集中型	中間	中間	中心は高い満足度，周辺は満足度低い
ホイール	集中型	時間短く，誤り少なく，高い効率	早く決まる	満足度は低い，中心は高い満足度，周辺は満足度低い

構造と小集団行動の関係を実験的に明らかにしている。まず5人の集団を作り，5等分に区切られた机に配置する。情報を紙片に書いて交換し，符号組み合わせ課題を行うというもので，許された相手に対してのみ連絡をとり，コミュニケーションを制限する。こうして4つのコミュニケーション回路の構造が決定する。

　たとえば円型（サークル）では，各成員は自分の両隣の成員と情報交換できるがそれ以外の人とは情報交換ができない。その結果，構造の違いが集団における課題解決の効率，成員の満足度，リーダーの出現などに影響を及ぼすことが示された。すべての伝達経路が中心に集中するX型（ホイール）では課題解決の効率は高く，誤りも少なかったが成員の満足度は低かった。一方，円型では，問題解決の効率は低かったが，成員の満足度は高かった。他の2つの型では中間程度の効率を示した。リーダーの出現についても型の違いによって異なっていた。たとえば，円型ではなかなか決まらなかったが，X型では早く決まった。

2　ソシオメトリー

　私たちは集団に所属し，その集団の人たちと情緒的な関係が生じる。ある人に魅力を感じ接近したいという関係，反発を感じて拒否しようとする関係，無関心な関係とさまざまである。こうした関係は各個人の行動や精神状態，集団

の行動や雰囲気に大きな影響を与える。もし，情緒的にサポートされない場合は，集団の中で活動することに自信を失い，集団から出て行くことになるかもしれない。

モレノ（Moreno, 1953）は，人間相互の関係について感情を理解しあい，自発的に創造的によりよい生活に向けて問題解決してゆくことを目指す実践的な理論としてソシオメトリー（sociometry）という技術の開発を行った。これは，成員間の好き－嫌い，無関心の状況を測定し，誰と誰が好意関係にあるのか，孤立者は誰であるのか，嫌われ者・人気者は誰かといった個人的，構造的特性を明らかにするものである。

測定法としてソシオメトリック・テスト（sociometric test）がある。これは，集団内部の成員間の牽引－反発関係を測定することにより，個人の集団への関係や位置集団それ自体の構造や発展の状態を発見し記述する方法である。具体的には，「あなたは誰とつきあいたいですか」「誰とつきあいたくないですか」などの質問に各人が相手の名前をあげて答え，この回答をもとに人と人との関係を矢印で図示する。これをソシオグラム（sociogram）という。図7－7は，アメリカ海軍の2つの飛行中隊での兵員間の選択・拒否関係をソシオグラムで

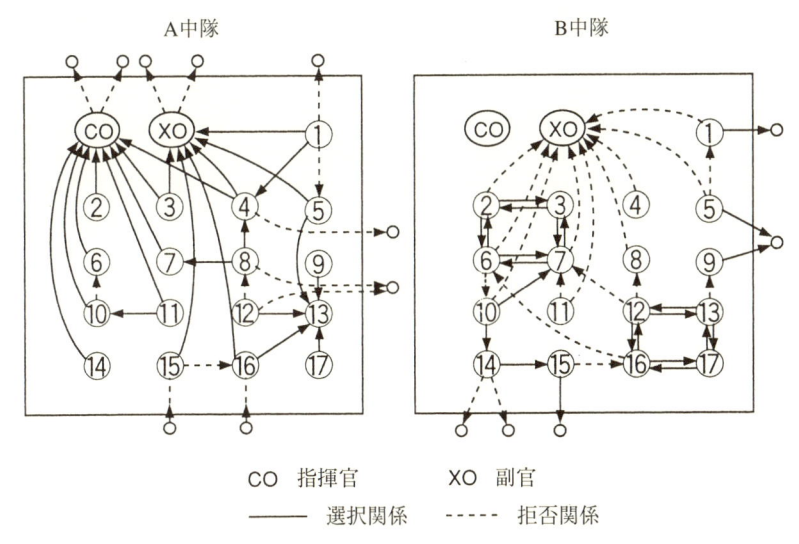

図7－7　飛行中隊におけるソシオグラム（Jenkins, 1948）

示したものである。

A中隊では指揮官と副官に選択が多く集まっているが，B中隊では指揮官は孤立しており，副官も兵員から拒否されている。さらに2つの下位集団に分かれていることを示している。このように，集団の中で中心にいるのは誰であるのか，孤立しているのは誰であるのか，集団はいくつの下位集団に分かれているのか，まとまりはどうかなどが目で見てすぐ理解できる。

4．集団の意思決定

1　集団成極化

集団成極化（group polarization）とは，人が集団討議後に，個人による意思決定に比べてより危険性の高い決定に変える現象をいう。ストーナー（Stoner, 1961）は，CDQ（choice dilemma questionnaire）を用いて集団の意思決定についての実験を行った。

「人生の岐路」場面で転職，危険な手術，結婚の決断など12の場面が設定さ

表7−2　「人生の岐路」場面：リスク偏位（Stoner, 1961；吉田，1997より）

Aは電気技師，大学卒業以降5年間電気関係の大手会社に勤めていて妻子もある。月給も多くはないが親子の生活には充分だし，定年退職後の年金もかなりもらえる。しかし定年まで月給が現在より大幅に増える見込みはない。ある日，友人を通して，新設の小会社からスカウトの口がかかってきた。月給は今よりはるかに多いし，将来会社が大きくなれば重役にもなれるという。しかし会社が大会社との競争に勝ち抜いて成功するかどうかはわからない。リスクはかなり大きい。…… ……もし，あなたがAさんから相談を受けたとしたら，その新設会社が成功する公算はどの程度だと思いますか？　少なくともどの程度の公算がなければ，A氏は勧誘に応ずるべきではないと考えますか？
➡　会社が成功する確率が10に1つの場合。 　　会社が成功する確率が10に3つの場合。 　　会社が成功する確率が10に5つの場合。 　　会社が成功する確率が10に7つの場合。 　　会社が成功する確率が10に9つの場合。 　　いずれの場合でも，会社を辞めるべきではない。

れた。まず個人で答え，次に6人の集団で討議し，回答を出し，最後に個人ごとの意思決定を行った。結果は，グループの結論の方が個人の討議前の意見よりも危険度が高いものになった。危険度が高いというのは，グループの結論の方が成功の確率が低くとも挑戦すべきであるという結論になったということである。また，集団決定後の個人の意見は，討議前に比べてより大胆な方向に変わった。こうした現象をストーナーはリスキー・シフト（risky shift）と呼んだ。その後の研究結果より，課題場面によって慎重な方向へシフトするコーシャス・シフト（cautious shift）もあることが見いだされた。リスキー・シフトは集団討議効果のひとつであり，コーシャス・シフトとあわせて集団極性化という。

2　マイノリティ・インフルエンス（minority influence）

「十二人の怒れる男たち」というヘンリー・フォンダ主演の映画をご存じだろうか。12人の陪審員たちが第一級殺人の容疑をかけられた少年を審議する過程を描いている。当初は11人が少年を有罪としていた。しかし，ひとりの陪審員が疑問を投げかける。彼は他の陪審員たちの反対や反発を冷静に一貫した主張によって退け，最終的に全員一致で少年の無罪を評決するというものである。このような首尾一貫した理性ある個人が多数の意見を変えていく様子は，少数派の影響過程でマイノリティ・インフルエンスという。

マイノリティ・インフルエンスには，「上から」の革新と「下から」の革新という2つの影響過程がある。「上から」の革新の場合は，独自性クレジット（idiosyncrasy credit）を背景に行われる革新である。独自性クレジットとは，「あの人の言うことなら間違いない」というような過去の実績に基づいて獲得された信用をいう。「下から」の改革は，一貫した態度の表明や繰り返し同じ意見を主張することで多数派の意見を再検討するよう仕向けることであり，「十二人の怒れる男たち」はこれにあたる。

3　集団思考

スペースシャトル「チャレンジャー号」の悲劇は，1986年1月28日，打ち上げから70秒ほどで起こった。爆発・炎上とともに7人の乗務員は全員死亡した。

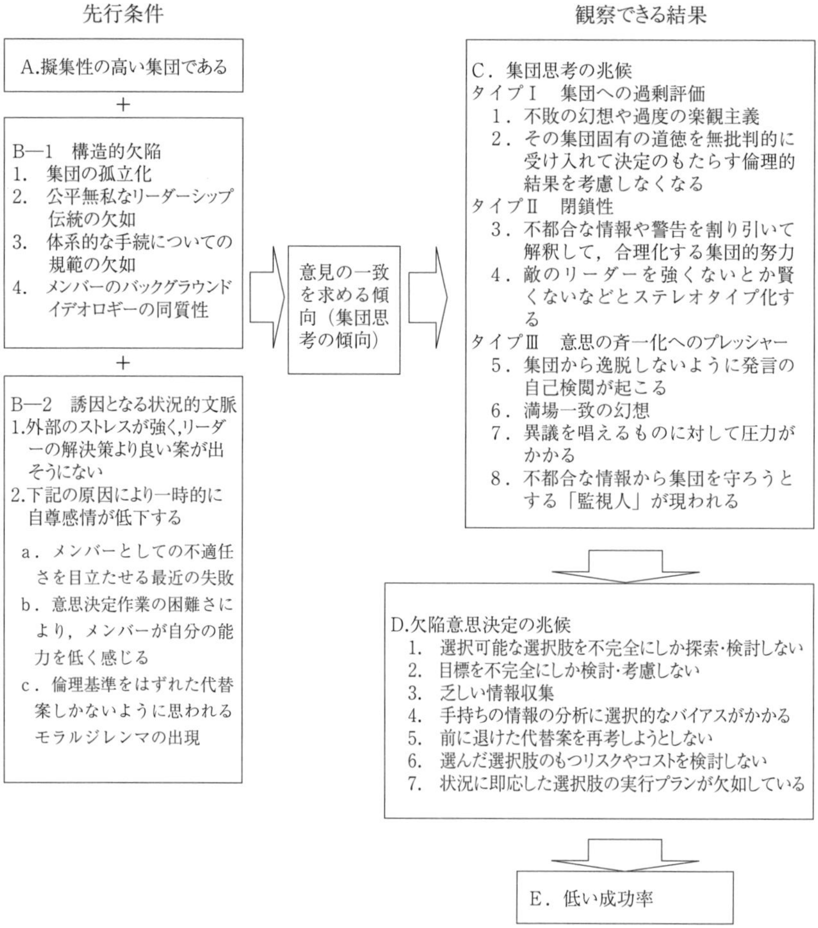

先行条件

A. 擬集性の高い集団である

＋

B―1　構造的欠陥
1. 集団の孤立化
2. 公平無私なリーダーシップ伝統の欠如
3. 体系的な手続についての規範の欠如
4. メンバーのバックグラウンドイデオロギーの同質性

＋

B―2　誘因となる状況的文脈
1. 外部のストレスが強く、リーダーの解決策より良い案が出そうにない
2. 下記の原因により一時的に自尊感情が低下する
   a. メンバーとしての不適任さを目立たせる最近の失敗
   b. 意思決定作業の困難さにより、メンバーが自分の能力を低く感じる
   c. 倫理基準をはずれた代替案しかないように思われるモラルジレンマの出現

⇒ 意見の一致を求める傾向（集団思考の傾向）⇒

観察できる結果

C. 集団思考の兆候

タイプⅠ　集団への過剰評価
1. 不敗の幻想や過度の楽観主義
2. その集団固有の道徳を無批判的に受け入れて決定のもたらす倫理的結果を考慮しなくなる

タイプⅡ　閉鎖性
3. 不都合な情報や警告を割り引いて解釈して、合理化する集団的努力
4. 敵のリーダーを強くないとか賢くないなどとステレオタイプ化する

タイプⅢ　意思の斉一化へのプレッシャー
5. 集団から逸脱しないように発言の自己検閲が起こる
6. 満場一致の幻想
7. 異議を唱えるものに対して圧力がかかる
8. 不都合な情報から集団を守ろうとする「監視人」が現われる

⇩

D. 欠陥意思決定の兆候
1. 選択可能な選択肢を不完全にしか探索・検討しない
2. 目標を不完全にしか検討・考慮しない
3. 乏しい情報収集
4. 手持ちの情報の分析に選択的なバイアスがかかる
5. 前に退けた代替案を再考しようとしない
6. 選んだ選択肢のもつリスクやコストを検討しない
7. 状況に即応した選択肢の実行プランが欠如している

⇩

E. 低い成功率

図7―8　集団思考の発生条件とその帰結（Janis, 1982；林, 2001より）

衝撃的な事件であったので、事故の原因追求のために大統領調査特別委員会が設置された。エッサー（Esser, 1989）らは大統領への報告書をもとに、NASAの意思決定が集団思考（集団浅慮：groupthink）におちいっていた可能性を分析した。集団思考とは、集団で意思決定をする場合に、集団のまとまりが強いがゆえに、仲間との望ましい関係を維持することを優先し、そのため問題解決に必要とされる冷静な検証能力や判断力が失われてしまうことがあり、このよ

表7－3 チャレンジャー号打ち上げ決定の集団思考への当てはまり
(Esser et al., 1989；林, 2001より)

		あてはまる	あてはまらない	計
A	凝集性の高い集団	0	0	0
B－1	構造的欠陥	4	5	9
B－2	誘因となる状況的文脈	7	1	8
C－1	不敗の幻想や過度の楽観主義	1	0	1
C－2	決定の倫理的結末の無視	0	0	0
C－3	集団的合理化	3	0	3
C－4	外敵のステレオタイプ化	0	0	0
C－5	発言の自己検閲	4	3	7
C－6	満場一致の幻想	4	0	4
C－7	不同意メンバーへの圧力	9	0	9
C－8	自発的監視人の出現	11	4	15
D－1	選択可能な選択肢を探索・検討しない	0	0	0
D－2	目標を不完全にしか検討・考慮しない	0	0	0
D－3	乏しい情報収集	1	1	2
D－4	情報の分析に選択的なバイアスがかかる	10	1	11
D－5	前に退けた代替案を再考しようとしない	0	1	1
D－6	選んだ選択肢のもつリスクやコストを検討しない	3	13	16
D－7	状況に即応した選択肢の実行プランが欠如している	1	1	2

うなときに見られる思考様式のことをいう(Janis, 1972)。このように，いかにすぐれた集団であっても，常に最良の意思決定ができるとは限らず，意思決定の誤りをおかすことがある。

　グループシンクで現われやすい現象として，過度の楽観論や不敗の幻想により，危険な兆候に注意を向けなくなったり，自分たちに不利と思われる情報をゆがめて過去の決定を正当化する合理化の傾向，成員の中で異議を唱えるものに対する同調への圧力，その圧力により全員の意見が一致しているという幻想が生まれ，自分たちが正しいと自信を持ってしまうこと，などがあげられる。

　調査会は，集団思考の選考条件や兆候に当てはまるかを検討した。その結果，集団思考の選考条件や兆候に当てはまるものがかなり見られた。

打ち上げを決定した委員会は固定ロケットブースターの危険性を示す証拠を吟味せず，不安があることが分かっていながら実行を決定した。この背景には，初の民間人打ち上げというNASA執行部の世間へのアピールと，3度の延期をふまえてもう延期できないという状況があった。それに，NASAのそれまでの成功の実績が自信を増長させたと考えられる（Esser, 1989）。

上記の例の他，ケネディ大統領によるキューバ侵攻作戦の失敗，ジョンソン大統領によるベトナム戦争の拡大などもその例である。

これらを防止する対処法として，リーダーは中立的な立場にたち，常に異論や疑問を奨励し，客観的な情報の収集・分析を行い，あえて批判を述べる役をもうける，などが考えられる。

5．集団の葛藤とその解消

集団の葛藤を国単位で見ると国家間の紛争となる。地球上から人間がいなくならない限り戦争はなくならないといわれるほど，人の所属する集団間に対立が発生する。ここではシェリフ（Sherif, 1961）とその同僚たちの実験から，その解決の糸口を考えてみよう。

1　集団の形成

シェリフは，サマーキャンプに参加した少年たちを対象に，彼らの相互作用を観察して集団の形成・葛藤・葛藤の解消という過程を研究した。キャンプの最初の約1週間は集団形成の期間である。少年たちは2つの集団に分けられた。2つの集団は顔を合わせることなく，それぞれがキャンプを通じて共同作業を行った。彼らは次第に親しくなり，集団に名前（ラトラーズやイーグルス）を付けたり，集団の旗や歌などを作った。また，リーダーが出現し，集団内の役割の分化とともに規範が形成された。

2　集団間の葛藤

2つの集団はそれぞれ，自分たちとは別の集団の存在を明らかにされた。そこで2つの集団に対立関係を持ち込むため，スポーツやゲームの対抗戦が行わ

れた。その結果，お互いの相手集団に対する感情や態度は否定的に変化して敵とみなしはじめ，乱闘や襲撃なども見られるようになった。集団間の緊張が高まるにつれ，集団内のリーダーにも変化が見られた。つまり，民主的リーダーから専制的リーダーに代わり，進んで専制的リーダーシップに耐えようとするようになった。集団間の葛藤に見られる一般的傾向としては，集団内では成員は集団に強い忠誠心をもって凝集性が高まり，課題達成への関心が強まる。さらに相手とのコミュニケーションが減少し，自分の所属する集団の良い点だけを見て相手集団に否定的な偏見を持つようになる。

3 葛藤の解消

集団間の葛藤による敵対関係を終わらせるため，2つの集団は食事をしたり楽しくいっしょに過ごす時間を持ったが，相手に残飯を投げつけたりけんかをはじめるなど敵対した態度が強まる結果となった。シェリフらは，2つの集団が協力しなければ達成できない状況をいくつか作り出した。その内容は，キャンプに必要な給水システムを故障させたり，食料を運ぶ途中でトラックを動かなくするなどである。このように，複数の集団に共通の目標である上位目標（superordinate goal）を設定した。実験の結果，両集団はお互いに協力して困難を克服していった。そして集団間の敵対感情は低下し，相手集団に対する評価も好ましいものに変化した。

シェイン（Shein, 1965）は，集団葛藤を緩和する方策として以下の3つをあげている。

①両集団に共通の敵を設定する

共通の敵の存在により，対立している集団が敵対しているような状況でないことを知り，協力し合うことで葛藤は緩和される。

②競争する集団間に相互作用が生まれるよう工夫する

集団間の葛藤によりコミュニケーションが減少してしまうことから，コミュニケーションを頻繁にする機会を持ってお互いのことを良く知り，ゆがみをもとに戻すようにする。

③両集団を超えた目標を設定する

対立する集団にとって協力しなければならない新たな課題を設定する。

6. 日本におけるコミュニケーション

ここでは集団の範囲を少しひろげて、国や文化の違いをコミュニケーションスタイルの観点から見て、日本におけるコミュニケーションの特徴について考えてみよう。

1 低コンテキストと高コンテキスト

ホールら（Hall, 1987）は、さまざまな文化を高コンテキスト文化と低コンテキスト文化に分類している。高コンテキスト文化とは、たとえば日本やアラブ、地中海地方などである。この文化の国は、同じ文化的背景をもつ人々で成り立ち、情報の共有によって情報は状況や人間関係などの文脈から読み取れる。低コンテキスト文化とは、たとえばアメリカやドイツ、スイスなどである。この文化の国は、文化的背景がさまざまな人々から成り立ち、情報の伝達はことばによるメッセージを通して行われる。はっきりした意思表示が必要な低コンテキスト文化の国へ留学した日本の学生は、このコミュニケーションスタイルの違いに慣れることができず、異文化でのつまずきや誤解をきたすことが多い。

2 日本におけるコミュニケーションの特徴

日本におけるコミュニケーションの特徴として、コミュニケーションの手段であることばをあまり必要としないということがあげられる。欧米との比較から考えてみると、個人と個人が違うことを前提にする社会でのことばは、差異と対立が前提にあり、その二人が同化するにはことばが必要不可欠である。一方、個人と個人に違いがないことを前提にする社会では、ことばはあまり必要とされなかった（田中、1987）。こうした中で、ことばに頼らない「察し」の文化が発展してきた。この文化のおかげで、送り手が何を考えているのかを推察したり、気持ちをくみ取ったりする能力を高めることができるようになったといえるだろう。一方で、送り手が何を言いたいのかを受け手が察するという構図【送り手の努力＜受け手の努力】が定着したため、従来送り手の工夫や努力が要求されることは少なかった。しかし、グローバル化した社会では、受け手の察する能力よりも送り手の工夫や努力（送り手がわかりやすく話したり、

うまく伝わるように表現すること）が要求されるように変わってきている。こうした変化に対応し，察しの文化を活かしつつ，受け手に伝わるコミュニケーション能力を高めることが今後の課題であろう。

8章
リーダーシップ

　プロ野球で阪神タイガースが優勝したとしよう。そのとき，恐らく大きく注目されるのは，監督がどのように選手たちを統率し，優勝に導いたのか，であろう。スポーツチームの監督やキャプテン，会社の上司など，集団の中でリーダーと呼ばれる人たちは，われわれのまわりにたくさんいる。ここでは，こうしたリーダーが発揮するリーダーシップについて考えてみよう。

1．リーダーシップとは

　リーダーシップとは何かということについて研究者の一致した定義が認められているとはいえないが，リーダーシップが集団現象であり，社会的行動であることに間違いはない。ここでは「集団がその目標を達成しようとする際，ある個人が他の集団成員に影響を与える過程」をリーダーシップと定義する。ある人が中心となって他のメンバーに働きかけ，相互に協力して何かをやり遂げようとするとき，その中心になった人物は何らかのリーダーシップを発揮したことになる（若林，1989）。このとき他の成員に比べ相対的に影響力が強く中心的な働きをしている個人をリーダーと呼ぶ。なぜ相対的に影響力が強い個人をリーダーと呼ぶのかについては，集団内の成員誰もが他者の行動に何らかの程度の影響力をもっているからである。リーダー以外のメンバーで影響を受けるものをフォロワーという。
　ここでは，集団目標を達成するためには，どのようなリーダーシップスタイルが有効であるのかを検討していく。

2．リーダーシップの理論

1　特性論

リーダーとなる人は他の人とどこか違う，という考え方がある。リーダーシップに関する初期の研究ではリーダーに焦点を当て，一般成員と比較して，リーダーを特徴づける個人特性が何であるのかを明らかにしようとした。この背景には，すぐれたリーダーは，一般の人間と異なったすぐれた資質や特徴を持つという考え方があり，リーダーシップは個人の特性により決定されるもので，その特性は生得的であるとみなしている。

ストッグディル（Stogdill, 1948）は従来の文献を検討し，これらに共通して見られた特性をあげている（表8－1）。

しかし，必ずしも一貫した結果を得られなかった。その後の研究でも個人特性とリーダーシップの関係について，リーダーを特徴づける一貫的な特性を見いだすことはできなかった。このことは，リーダーの特性が普遍的にどのような集団にもあてはまるのではなく，集団状況や集団成員の特徴など他の要因との関係によって異なることを示し，リーダーの個人特性だけでリーダーシップを説明することの限界を示す結果となった。

類型論

アルバイト先の店長が替わったとき，前の店長と今の店長を比較することはよくあるだろう。前の店長はみんなの意見をよく聞いてくれたが，今の店長は自分の意見を押し付けて命令するだけで，みんなの反感をかっている，というたぐいの話である。アルバイト先の店長に限らず，われわれは自分のまわりの人たちを何らかの基準で分類することがある。

特性論と並んで初期のリーダーシップ研究に類型論がある。リーダーの特性でなく，リーダーのタイプが集団成員にどのような影響を及ぼすのかという点に注目したものである。

ホワイトとリピット（White & Lipitt, 1960）は，専制型，民主型，放任型の3つのリーダーシップ行動をとる成人リーダーのもとで，集団成員がどのような反応を示すのかを観察した。

その結果，専制型のリーダーのもとでは作業成績はよかったが，リーダーや

表8-1 リーダーシップと諸特性との相関

研究者	知能	学業成績	年齢	身長	体重	社会的技術	社交性
アカーソン(少年)	0.18		-0.01				
(少女)	0.32		-0.11				
ペーリングラス(少年)	}-0.139	}0.05	0.27	0.17	0.25		
(少女)			-0.32	0.44	0.42		
ポ ニ ー						0.53	
ド レ イ ク	0.47						0.52
エ イ ク ラ ー	0.0614	0.1155	0.2067			0.098[1]	
フ レ ミ ン グ	0.44						0.33
ガリソン(学校1)		0.30	-0.12	-0.02	-0.02		
(学校2)		0.36	-0.25	-0.13	-0.04		
グードイナフ	0.10		0.71	0.71	0.52		0.98
ハ ウ エ ル	0.08	0.39					
レヴィ, E.	0.259	-0.274					
レヴィ, H.S.	0.255	-0.0005					
ニューステッター	0.17		0.45				
ナ ッ テ ィ ン グ	0.90	0.11	0.20				
パ ー テ ン	0.34		0.67	0.67			
パ ト リ ッ ジ	0.54		0.55	0.43	0.46		
レ イ ノ ル ズ	0.22	0.27					
セ ル ド ン	0.060	0.190		0.049	0.024		0.471
ト ラ イ オ ン							0.44～0.74[2]
ウ ェ ッ ブ							0.39
ゼ レ ニ イ	0.44		0.487	0.346	0.204		

(Stogdill, 1948；白樫, 1985より)

1) 社会的知能を表す。
2) 友好性を表す。

他の成員に対して攻撃的になり，リーダーに対する潜在的な不平・不満が示された。民主型のリーダーのもとでは成員の雰囲気は良好で，作業の質・量とも優れ，独創性も大であった。放任型のリーダーのもとでは，自分勝手で無責任な言動が増加し，作業成績も劣っていた。

　実際の現場でも，業績が落ち込んだ店に専制型のリーダーを派遣し，緊張感を高めて業績をもとに戻し，業績が回復したら民主型のリーダーに替えるという手法を使っているところも見られる。

表8-2　リーダーシップの3つの型（White & Lipitt, 1960）

	専制型	民主型	放任型
集団活動方針の決定	指導者がすべてのことを決定する	集団の討議によって決定する。指導者はそれを補佐する	指導者は関与せずメンバーたちに自由にまかされる
仕事の分担	どの仕事を誰がやるか誰と誰とが一緒にやるかを指導者が決定してメンバーに指示する	メンバー間の合議によって決める	指導者は一切関与しない
仕事の見通し	指導者から仕事の段落毎に次の段階に必要なことだけ知らされ，メンバーたちは全般的な見通しをもっていない	初めに討議によって仕事の計画を立て，全員が仕事の見通し，予備知識を十分にもつ	仕事の見通し，予備知識はメンバーが指導者に尋ねた場合にだけ与えられる
メンバーの仕事に対する指導者の批評	メンバーの仕事に対する賞賛や批評は個人的色彩が強い	客観的に，事実に即して賞賛や批評がなされる	指導者はメンバーから求められない限り，メンバーの仕事に口出ししない

2　2次元論

　リーダーシップを，リーダーの特性や状況との関連でなく，一定の効果を期待するためにどのようなリーダーシップをとるべきかという機能面から考えてみよう。表8-3は，リーダー行動を2つの次元からとらえた研究である。ここではミシガン研究，オハイオ研究とマネジリアルグリッド理論を紹介する。

　ミシガン研究

　ミシガン大学でのいわゆるミシガン研究では，リーダーシップスタイルとして2つのタイプがあるとしている。ひとつは「従業員指向」（employee oriented）で，人間的問題の配慮を第一として働く人に関心を向けるタイプ，もうひとつは「生産性指向」（production oriented）で，集団がどれだけ生産的であるかに関心を向けるタイプである。2つのタイプで生産性を比較すると，従業員指向の方が優れていた。

　オハイオ研究

　オハイオ州立大学の研究グループは，部下に監督者の行動を記述させ，2つ

表8-3　リーダーシップの2次元論（益田，2001）

研究グループ	対人関係の次元	目標達成の次元
オハイオ州立大学	配慮	体制づくり
ミシガン大学	従業員指向	生産性指向
ブレークとムートン	人間に関する関心	業績に関する関心
三隅	M機能	P機能

の基本的な因子を見いだした。ひとつは配慮（consideration）で，リーダーと部下との間の相互信頼など人間関係を保つリーダー行動，もうひとつは体制づくり（initiating structure）で，リーダーが課題遂行の手順を明確化するなど，集団を統制し目標達成に導く行動である。こうした2つの次元は互いに独立であるとしている。

マネジリアルグリッド理論

また，ブレイクとムートン（Blake & Mouton, 1964）は，マネジリアルグリッド理論を提唱している。彼らは，縦軸に人間に対する関心度，横軸に業績に対する関心度をとった2つの基本的次元から，リーダーのスタイルを分類した。マネジリアルグリッドとは，図8-1のように，横軸にリーダーが自らの集団の業績達成に払う関心の度合い（1から9），縦軸に業績達成の主体者である部下に対する関心の度合い（1から9）をとったもので，両軸の度合いから5つの代表的パターンを取り出して分析している。

その代表的パターンとは，9・9型（業績と人間を統合しうる理想型）1・1型（業績・人間ともに無関心）1・9型（人間への関心は高いが，業績への関心は低い）9・1型（業績への関心は高いが，人間への関心は低い）5・5型（業績と人間にほどほどの関心を示す）で，9・9型リーダーのもとで作られる集団が理想的であるとしている。

ところで，一人一役よりも一人二役の方が，使い分けがむずかしいのではないだろうか。つまり，一人の人が2つの側面を持って存在するというのは結構大変である。たとえば，子どものしつけで考えてみよう。しつけをするとき，一人で怒り役となだめ役をするよりも，父が怒り役，母がなだめ役と役割分担したほうがうまくいくことが多い。どちらもがうるさかったりやさしすぎると過保護・過干渉になり，子どもの自立を遅らせることになる。同様に，職場で

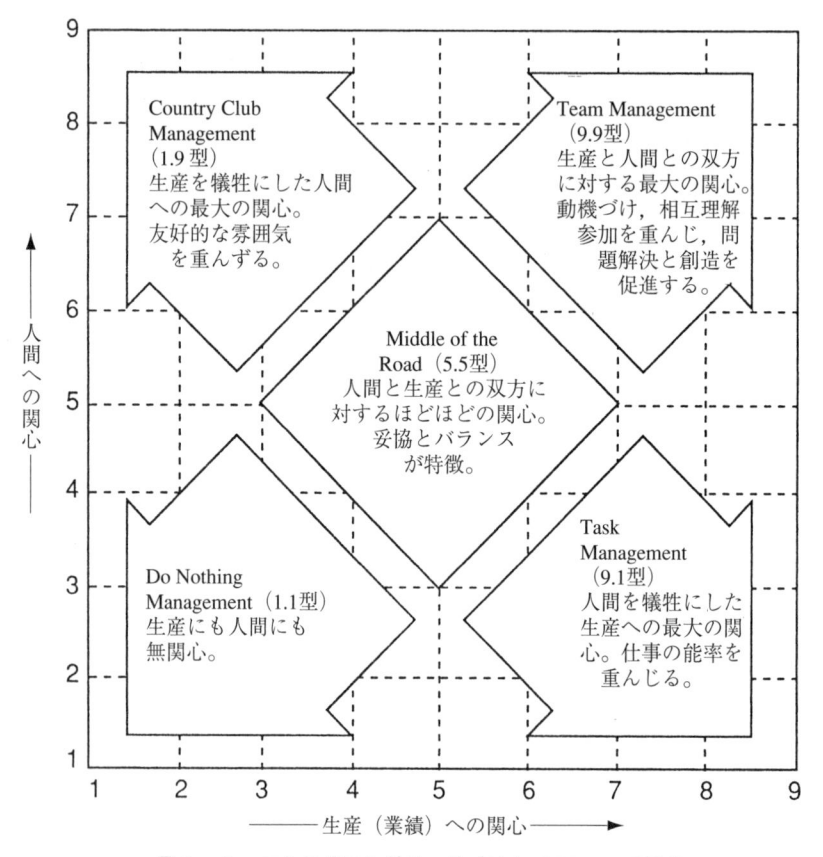

```
                                          Team Management
  Country Club                            (9.9型)
  Management                              生産と人間との双方
  (1.9型)                                 に対する最大の関心。
  生産を犠牲にした人間                    動機づけ，相互理解
  への最大の関心。                        参加を重んじ，問
  友好的な雰囲気                          題解決と創造を
  を重んずる。                            促進する。

            Middle of the
            Road (5.5型)
            人間と生産との双方に
            対するほどほどの関心。
            妥協とバランス
            が特徴。

                                          Task
                                          Management
                                          (9.1型)
  Do Nothing                              人間を犠牲にした
  Management (1.1型)                      生産への最大の関
  生産にも人間にも                        心。仕事の能率を
  無関心。                                重んじる。
```

縦軸: 人間への関心
横軸: 生産（業績）への関心

図8-1　マネジリアルグリッド（Blake & Mouton, 1964）

も役割分化が行われる。たとえば，細かいところまでうるさく言う係長とそれをなだめる課長など，役割によって自分を変えている人もいる。部下にとっても，同じタイプの上司が2人いるより，しつけにおける父母の役割同様，上司2人の組み合わせのバランスが部下のやる気に影響するということである。

3　状況理論

　ある集団ですばらしいリーダーであった人は，違う集団でも同じようにすばらしいリーダーになれるのだろうか。プロ野球でも，優勝経験のある監督が他

のチームの監督を任されても期待された結果を出せないことがある。どの集団にとっても理想的なリーダー，というのは難しいということになるのだが。ここでは，状況によってリーダーシップは変わるという状況理論の中で条件適合理論とSL理論を紹介する。

条件適合理論

フィードラー（Fiedler, 1967）は，リーダーの特性と組織集団の状況との関係を検討し，集団の置かれている状況によって望ましいリーダーシップのスタイルが異なるというコンテンジェンシーモデル（contingency model）を提唱した。

このモデルでは，リーダーが対人関係に示す寛容さの程度がLPC（least preferred co-worker）によって測定される（図8－2）。これは，「これまでに知り合った仕事仲間のうち，一緒に仕事をすることがもっとも難しい」相手に対して好意的な評価をする高LPCリーダーと，その相手に非好意的な評価をする低LPCリーダーに分類するもので，この得点が高いリーダーは良好な対人関係の維持を重視する関係志向型，得点の低いリーダーは対人関係よりも仕事の遂行を重視する課題志向型であるとした。

一方，集団の置かれている状況については，「状況の統制度」として以下の3つの要因の組み合わせによるとした。

a）リーダーと成員の関係：成員がリーダーをどの程度受け入れ，支持しているか。

b）課題の構造化：課題の目標達成への道筋が，どの程度明確にされているか。

c）リーダーの地位勢力：リーダーに公的な賞罰権限がどの程度与えられているか。

これらの3つの組み合わせにより，8段階の状況を設定した（図8－3）。

その結果，リーダーにとって状況の統制のしやすさが非常に容易あるいは非常に困難な状況では低LPC（課題志向型）リーダーが高い業績を上げることができ，リーダーにとって状況の統制のしやすさが中程度である場合は高LPC（関係志向型）リーダーが高い業績を上げることができるとされている。

	8	7	6	5	4	3	2	1		得点
楽しい									楽しくない	
友好的である	8	7	6	5	4	3	2	1	友好的でない	
拒絶的である	8	7	6	5	4	3	2	1	受容的である	
緊張感が高い	1	2	3	4	5	6	7	8	ゆとりがある	
遠い（疎遠）	1	2	3	4	5	6	7	8	近い（親近）	
冷たい	1	2	3	4	5	6	7	8	暖かい	
支持的である	1	2	3	4	5	6	7	8	敵対的である	
退屈である	8	7	6	5	4	3	2	1	興味深い	
口論好きである	1	2	3	4	5	6	7	8	協調的である	
陰気である	1	2	3	4	5	6	7	8	朗らかである	
開放的である	1	2	3	4	5	6	7	8	警戒的である	
陰口をきく	8	7	6	5	4	3	2	1	忠実である	
信頼できない	1	2	3	4	5	6	7	8	信頼できる	
思いやりがある	1	2	3	4	5	6	7	8	思いやりがない	
卑劣である（きたない）	8	7	6	5	4	3	2	1	立派である（きれい）	
愛想がよい	1	2	3	4	5	6	7	8	気むずかしい	
不誠実である	8	7	6	5	4	3	2	1	誠実である	
親切である	1	2	3	4	5	6	7	8	不親切である	
	8	7	6	5	4	3	2	1	合　計	

図8－2　LPC（least preferred co-worker）尺度（Fiedler et al., 1977）

リーダーシップ

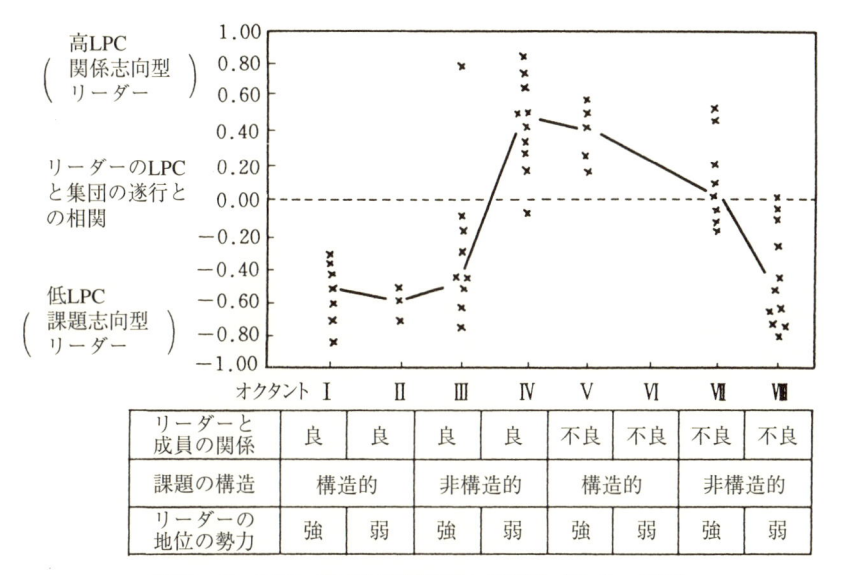

リーダーと成員の関係	良	良	良	良	不良	不良	不良	不良
課題の構造	構造的		非構造的		構造的		非構造的	
リーダーの地位の勢力	強	弱	強	弱	強	弱	強	弱

図8-3　LPC　得点と集団業績との相関（Fiedler, 1967）

SL 理論

ハーシーとブランチャード（Hersy & Blanchard, 1972）は，リーダーシップのSL（situational leadership）理論を提案している（図8-4）。

この理論は，ライフサイクル理論とも呼ばれている。彼らは，効果的なリーダーシップ類型は，集団成員の成熟度によって異なると考えた。集団成員の成熟度は，職務に必要な能力・知識・技術，仕事に対する意欲・自信などで4段階のレベルに分かれる。具体的には，低い職務能力と高い意欲をもつ「熱心な初心者」（成熟度1），ある程度の能力はもっているが意欲は低い「迷える中級者」（成熟度2），能力は高いが意欲が不安定な「波のある上級者」（成熟度3），能力も意欲も高い「安定したベテラン」（成熟度4）へと成長する。

リーダーシップのスタイルには指示的行動と支援的行動の組み合わせで4つのスタイルがある。指示的行動とは，集団の目標達成機能に対応し何をすべきかを教える行動である。支援的行動とは，集団維持機能に対応しメンバーをやる気にさせ意欲を高める行動である。

指示的行動と支援的行動との組み合わせで4つのスタイルがあり，以下のと

効果的スタイル

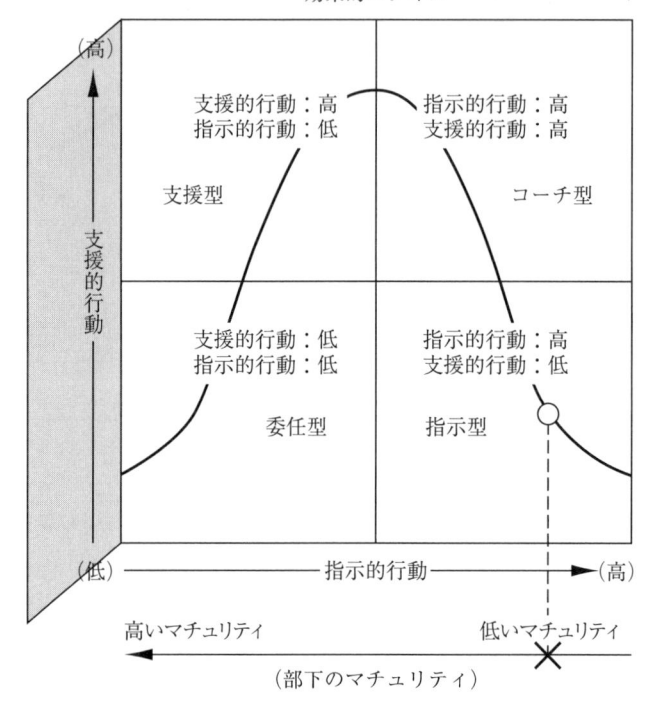

```
        ┌─────────────────────┬─────────────────────┐
        │ 支援的行動：高        │ 指示的行動：高        │
        │ 指示的行動：低        │ 支援的行動：高        │
        │                     │                     │
        │   支援型             │   コーチ型           │
        ├─────────────────────┼─────────────────────┤
        │ 支援的行動：低        │ 指示的行動：高        │
        │ 指示的行動：低        │ 支援的行動：低        │
        │                     │                     │
        │   委任型             │   指示型             │
        └─────────────────────┴─────────────────────┘
(低) ────────── 指示的行動 ──────────→ (高)
```

(高いマチュリティ ←──────────→ 低いマチュリティ)
（部下のマチュリティ）

図8-4　適切なリーダーシップ・スタイルの決定 (Hersey & Blanchard, 1972)

おりである。
　①指示型：指示的行動が多く支援的行動が少ない型で，成熟度1に対応
　②コーチ型：指示的行動も支援的行動も多い型で，成熟度2に対応
　③支援型：指示的行動が少なく支援的行動が多い型で，成熟度3に対応
　④委任型：指示的行動も支援的行動も少ない型で，成熟度4に対応
　このように，集団成員の成熟度がどのレベルであるのかによって適切なリーダーシップも異なるということである。SL理論のリーダーシップ次元はPM理論に類似しているが，異なるところはPM型をもっともすぐれたリーダーシップと考えないところである。

3. リーダーシップの代替要因

　リーダーシップはどんなときでもリーダーだけが果たすべき役割なのだろうか。リーダーシップの代替要因としてどのようなものがあるのかを考えてみよう。カールとジャーマイヤー（Kerr & Jermier, 1978）によると，たとえば，課題の構造が明瞭でありルーティン化されている場合には，課題遂行のためにどのような資質が必要であるのかを明らかにすることは不必要であり，部下が高い能力を持っている場合には部下を教育・訓練して必要な資質を身につけさせることは不必要であるとしている。このように，組織の構造や仕事の特性，フォロワーの特性などが，リーダーシップを発揮することがあると考えられる。

　たとえば，工場のベルトコンベアはその速さ自体が仕事中心のリーダーシップのかわりになっている。このように考えると，仕事を進める上でのリーダーは集団にとって必要不可欠ともいえず，代替要因が存在する集団では強力なリ

〔フォロワー特性〕　　　　　　　　　　　〔リーダーシップへの影響〕
1）経験や能力　　　　　　　―――――→　仕事中心のリーダーの代理
2）プロフェッション指向　　―――――→　仕事および人間関係中心のリーダーの代理
3）報酬への無関心　　　　　―――――→　リーダーシップの効果を減衰

〔タスク特性〕
1）構造化されたルーティン作業　―――→　仕事中心のリーダーの代理
2）フィードバック　　　　　―――――→　仕事中心のリーダーの代理
3）内発的に満足できる作業　―――――→　人間関係中心のリーダーの代理

〔組織の特性〕
1）凝集的な職場集団　　　　―――――→　仕事および人間関係中心のリーダーの代理
2）低いリーダーの地位パワー　―――――→　リーダーシップの効果を減衰
3）公式化　　　　　　　　　―――――→　仕事中心のリーダーの代理
4）フォロワーから離れたリーダー―――→　リーダーシップの効果を減衰

図8－5　リーダーシップの代替性仮説（Kerr & Jermier, 1978；田尾，1991より）

ーダーシップはいらないといえる。しかし,代替要因が存在する集団でもリーダーという役割が全く必要ないというわけでなく,責任の所在を明確にするという点から考えても公式的な体系におけるリーダーは必要である。

少なくともリーダーは,状況から何が求められているのかを察知し,逆に代替要因の存在する状況では求められていないリーダー行動を控える必要があると考えられる。

4. 日本におけるリーダーシップ

さて,状況によって望ましいリーダーが異なることや,強力なリーダーシップが必要とされていない場合もあることは先に述べたが,その国の文化やイデオロギーの違いによっても望ましいリーダーシップのあり方は違ってくると考えられる。そこで,次に日本においてリーダーシップに必要な要素はどのようなものがあるのかを考えてみよう。

田中(1987)は,日本におけるリーダーには「人望」という要素が大切であるとし,日本と西欧のリーダーシップの違いを以下のように述べている。西欧のリーダーシップの場合,一般的にいかにもリーダーはリーダーらしく部下の先頭に立って俺についてこいという率先垂範,牽引車で,部下はこの人には能力があるのでついていっても間違いないと判断すればついていく。あくまでリーダーシップスタイルが最大の条件となる。しかし,日本の場合,課長職以上のリーダーは,部下の後ろにいてがんばってくれと号令する観戦者型である。そのとき,部下たちが喜んで危険を冒し前へいってくれるのが日本のリーダーシップの理想であると考える。つまり,リーダーの行動レベルだけが決め手でなく,このリーダーのためなら喜んで働くという,目に見えないそのリーダーの雰囲気・人柄を統合した「人望」が必要である。また,リーダーシップの定義もその国の文化の違いによって変わると考え,日本における望ましいリーダーシップを,①集団の持つ目標を達成するために,②まず,その目標選択能力を持ち,③各部下が連帯感を持ちながら,④喜びに溢れ,⑤各自の能力をフルに発揮できるよう援助するとともに,⑥部下がリーダーに対して献身しようと思わせる能力,と定義している。

5. 人を育てるコミュニケーション

ここでは人を育てるコミュニケーションとして，メンタリングとコーチングについて考えてみよう。

1 メンタリング
1）メンター

メンター（mentor）とは，もともとホメロスによるオデッセイアに登場するオデッセウスの友人で，彼の息子の養育を託されたメントールに由来する。一般には，シニアクラスの経験豊かな人であり，若い世代の人々が組織の中で，あるいは専門家としてのキャリアを伸ばすことを助ける人のことをいう。藤井ら（1995）は，「職業人生上の師と言えるような人物で，あなたに目をかけてくれて，相談にのったり，仕事を教えてくれたりして，あなたの能力を伸ばし，キャリアの発展を支援してくれる人」と定義している。メンターから援助や指導などメンタリング（mentoring）を受ける受け手をプロテジェ（protege）と呼ぶ。メンタリングとは，メンターがプロテジェに対して行う支援行動全般をさす。メンターとして最も一般的なタイプは，通常は直属の上司で，教師やコーチ，指導者，演出家のような役目を果たすとされる。

2）メンタリングの機能と効果

メンタリングは表8－4に示す2つの機能から構成されている。

メンタリングの機能の一つは，若い人に助言を与え，成長を促す仕事の機会をつくる，などのキャリア形成を直接的に支援する側面（キャリア的機能）である。このキャリア機能には，キャリア形成にとってリスクの大きい状況から保護する防波堤の役割も含まれる。もう一つの機能は，共感を示し，励ましを与え，若手にとっての役割モデルとなる，などの心理・社会的な支援を与えるという側面（心理・社会的機能）である。

一般的にほとんどのメンター－プロテジェ関係は非公式のもので，長期にわたる奥深い指導や援助が期待される。職場での公式のメンタリングは上司や先輩による特別なOJTとして伝統的に行われてきたものの，メンターによる指導・保護は単なるOJTよりはるかに効果を期待できる。なぜなら，信頼感に

表8−4 メンタリングの機能

キャリア的機能	スポンサーシップ	プロテジェが望ましいプロジェクトに参加できるように，またより望ましい配置異動や昇進が可能となるように，支援をする行動。
	推薦とアピール	プロテジェの将来の機会を向上するような仕事に彼／彼女を推薦したり，組織の意思決定者や組織外の人々に対してプロテジェの存在を知らしめるための支援行動。
	訓練	プロテジェとの間で将来の職務遂行やキャリアに対する考えを共有し，またフィードバックをもたらしながら，プロテジェのキャリア目標を達成するための戦略や手法を教示・提案する支援行動。
	保護	プロテジェがキャリアを形成していくにあたり，彼／彼女の評判を脅かすような不必要なリスクを削減すると共に，このようなリスクからプロテジェを守るための支援行動。
	仕事における挑戦性の向上	挑戦のしがいがある仕事をプロテジェに割り当てるための支援行動。
心理・社会的機能	役割モデル	プロテジェが必要となる適切かつふさわしい態度や価値観を身につけるために，メンターが身をもってモデル（お手本）を演じること。
	受容と確認	プロテジェを1個人として尊重し，無条件に彼／彼女への肯定的な関心を伝えること。
	カウンセリング	プロテジェが働く上で直面する心配事や悩み事について，よりオープンに語ることができるような場や機会を提供する働き。
	友好	仕事上で出会ったプロテジェとの間に友情や信頼・尊敬に基づくより非公式な相互関係を築く働き。

(Kram, 1985；久村, 2001より)

裏打ちされた心理的な連帯を強調する性格が基本的な部分で存在するからである（小野，1997）。その意味では通常のリーダーシップよりも個人のための行動であり，プロテジェのキャリア発達ときわめて密接につながっている。

　メンタリングはプロテジェだけが得をしていると考えがちであるが，メンターにとってもプロテジェのキャリア発達を助けるということだけでなく，助けることを通してメンター自身が利益や満足感を得，人生を豊かにする側面もある。つまり，メンタリングを通して人を育て，自らも成長するということであ

```
┌─────────────────────────────────────────────────┐
│   ╭─────╮                          ╭─────╮      │
│   │メンター│ ══ メンタリング行動 ══▶ │プロテジェ│     │
│   ╰──┬──╯                          ╰──┬──╯      │
└──────┼─────────────────────────────────┼────────┘
```

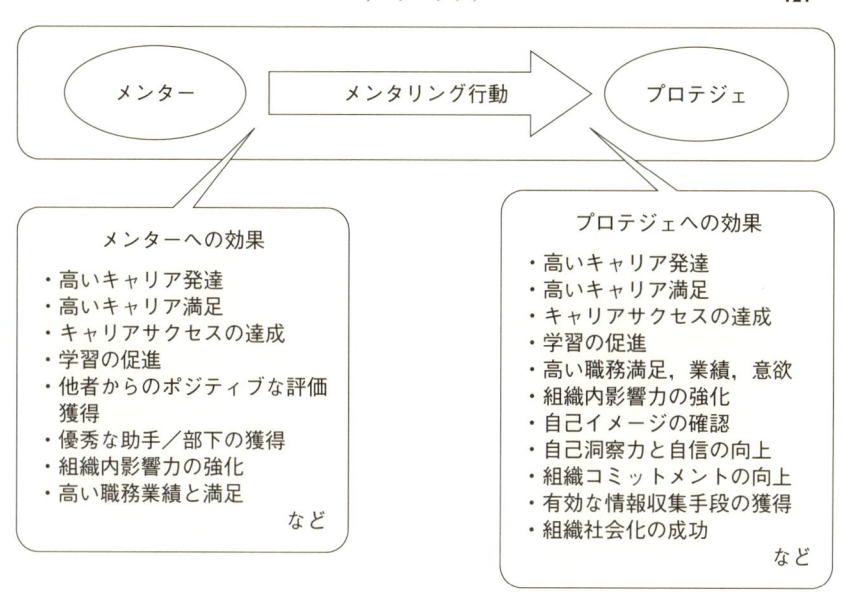

```
┌─────────────────────┐      ┌─────────────────────────┐
│   メンターへの効果    │      │    プロテジェへの効果      │
│ ・高いキャリア発達    │      │ ・高いキャリア発達         │
│ ・高いキャリア満足    │      │ ・高いキャリア満足         │
│ ・キャリアサクセスの達成│    │ ・キャリアサクセスの達成    │
│ ・学習の促進         │      │ ・学習の促進              │
│ ・他者からのポジティブな評価│  │ ・高い職務満足,業績,意欲  │
│   獲得              │      │ ・組織内影響力の強化       │
│ ・優秀な助手／部下の獲得│    │ ・自己イメージの確認       │
│ ・組織内影響力の強化  │      │ ・自己洞察力と自信の向上    │
│ ・高い職務業績と満足  │      │ ・組織コミットメントの向上  │
│                    │      │ ・有効な情報収集手段の獲得  │
│                 など │      │ ・組織社会化の成功         │
│                    │      │                      など │
└─────────────────────┘      └─────────────────────────┘
```

図8-6 メンタリングによるメンターとプロテジェへの効果（渡辺ら，1999より）

る（図8-6）。

　私たちにとってメンタリングを受け，それを自身が行うことが，キャリアを築くうえでの課題でもあると考えられる。所属する集団の中でまずメンターを見つけ，メンタリングを受ける。次に自らもメンターとしての役割を果たせるように準備し，メンターへと成長する。こうしたメンタリングの連鎖によってメンター，プロテジェともに成長し，豊かな人間関係を築くだけでなく，人を育てる風土が確立すると考えられる。

2　コーチング

　営業マンが顧客からクレームを受けて帰ってきた。彼は，上司である課長にそのクレームの内容を話し，課長はその対処法を細かく指示した。それを受けた営業マンは顧客のところに行き，指示どおりに伝えて問題を解決した。どこにでもあるようなことだが，ちょっと考えてほしい。課長の行動は，これでよかったのだろうか？

　通常コーチング（coaching）は，選手を指導し，教えることであると考えら

れている。その意味ではコーチは自分の思うとおりに選手を指導して，選手が常に受け身になりかねない。しかし，本来のコーチングは，一方的に教えるのではなく，選手に絶えず質問を投げかけ，意見を言わせる。その結果，選手全員が自分で考え，動けるようになり，よいチームプレーが生まれる(武田, 2001)。コーチングは，「相手が自ら考え，学び，行動することで当人が本来持っている力や可能性を最大限に発揮できるようサポートするためのコミュニケーション手法」(榎本ら, 2001)であり，質問によるコミュニケーションがその基盤にあるといえる。

コーチングでは，「その人が必要とする答えはすべてその人の中にある」と考える。ことばを変えると，人から答えを与えられるのではなく，自分がその答えにたどり着かないと，その人の身につかないということである。質問によるコミュニケーションによって常に本人に考えさせるようにして，それに肉付けするのである。

スポーツを例にとってコーチングについて考えてみよう。あるプレーを選手に説明するとき，単にどうすればいいかを言うだけではない。まず，どんな場合に，どんな目的で，どういう理由でその動きをするのかを話し，次に，どのような点に気をつけるのかを話す。こうしたことを質問によるコミュニケーションで理解させた後，今話したことをコーチがデモンストレーションをして見せる。さらにやり終えたらその結果をフィードバックする。走る場合にはタイムを測り，場合によってはフォームをビデオにとって見せる (武田, 1985)。このように，質問してそれに答えさせることによって人は理解を深め，実際に見せて結果をフィードバックすることでさらに正確に伝えることが可能となる。こうしたコーチングの効果は応用範囲が広く，さまざまな方面で注目されている。

6．リーダーシップと社会的勢力

1　社会的勢力とは

私たちはなぜリーダーに従うのだろうか。尊敬している上司から指示を受けたら喜んで仕事をする反面，そうでない上司からの指示にも嫌々ながら従うこ

とはよくあるだろう。このように，メンバーがリーダーを受け入れるのに必要な条件として考えられるのが，社会的勢力である。

フレンチとレイブン（French & Raven, 1959）は，影響力を発揮する上でリーダーのもつ力を社会的勢力と呼び，報酬勢力，強制勢力，正当勢力，準拠勢力，専門勢力の5つに分類している。

2 影響力の基盤

①報酬勢力（reward power）：リーダーが部下に報酬をもたらすことができるという部下の認知に基づく勢力である。たとえば，仕送り前で食事代を切り詰めていた下宿生が仕事を手伝ってくれたら食事をおごるといわれて仕事を手伝うことにしたなど，働きかけに応じることの利得が大きくなり，働きかけに応じることである。報酬には金銭，昇進，賞賛などが考えられる。

②強制勢力（coercive power）：リーダーは部下に罰をもたらすことができるという部下の認知に基づく勢力である。たとえば，上司からリストラされるのが嫌なら単身赴任するように言われ，その命令に従うようにしたなど，上司の意向に反した場合には，上司が役職からはずしたり仕事を取り上げたりするという罰を部下に与えることができると考えているからである。

③正当勢力（legitimate power）：リーダーは部下に対して命令や指示を与える正当な権利をもっているという部下の認知に基づく勢力である。今日は早く帰ろうと思ったが，上司から残業を命じられて仕事をしたなど，自分よりも地位が高い人からの働きかけには応じなければならないという社会的な規範があり，それを守らなければならないと考えているからである。

④準拠勢力（referent power）：部下がリーダーを尊敬したり魅力を感じたりして，リーダーのようになりたいと同一視することによって成立する勢力である。私たちは，「あの人のようになりたい」というように，特定の人物を自分の理想とし，自分をその人に近づけようと努力することがある。その場合，理想の人から言われれば，言われたとおりに行動するのである。

⑤専門勢力（expert power）：リーダーがある仕事領域において専門的な知識や技能をもっているという部下の認知に基づく勢力である。たとえば，家族よりも医者からアルコール類をやめるよう言われる方がやめる可能性は高い。

9章
ストレス・健康とコミュニケーション

　私たちのまわりには，コミュニケーションがうまくいかずに対人関係が悪化し，ストレスになることがよくある。たとえば，家族の中ではちょっとしたけんかや嫁姑問題，熟年離婚の増加など，職場では人間関係の失敗による離職などさまざまである。こうしたストレスの原因となるコミュニケーションがある反面，まわりの人に励ましてもらうことによってストレスを和らげることもできる。ここではコミュニケーションとストレス・健康との関連について考えてみよう。

1．コミュニケーションとストレス

1　ストレス
　ストレスということばは日常的に使われているが，「職場にはストレスが多い」という環境からの刺激として使う場合と，「今日はストレスがたまっている」という環境からの刺激に対する反応として使う場合がある。心理学の分野で使われているストレスということばは，もともと外部から力が加えられたときに生じる物体の歪みを意味する言葉であったものをセリエ（Selye, H.）が人の身体の問題としてとらえたことばである。彼は，環境からの刺激を「ストレッサー」と呼び，「ストレス＝反応」と区別した。その後，ラザルス（Lazarus, R.S.）は，人の環境へ対処する能力や利用できる資源を超えて，環境からの要請があると認知されるときストレス状態であるとした。

2 ストレス・モデル

　図9－1は，もっとも基本的なストレス・モデルである。左には環境からの刺激でストレスのもととなるストレッサーがあり，それがストレスの結果であるストレス反応に結びつく。ストレッサーとストレス反応の中間にあって，両者の結びつきを強めたり弱めたりする調整機能を持つ要因を調整要因（モデレータ）という。

　ここでは基本的なモデルに従い，ストレッサーとしてのコミュニケーションと調整要因としてのコミュニケーションについて説明する。つづいて，コミュニケーションがうまくいかなくなったときに私たちはどのようになるのかについて考えてみよう。

2．ストレッサーとしてのコミュニケーション

1　ストレス源は誰か

　図9－2は，日本労働研究機構が平成9年に実施した労働者健康状況調査のうち，ストレスの主要な原因について調べた結果である。男性では約40％，女

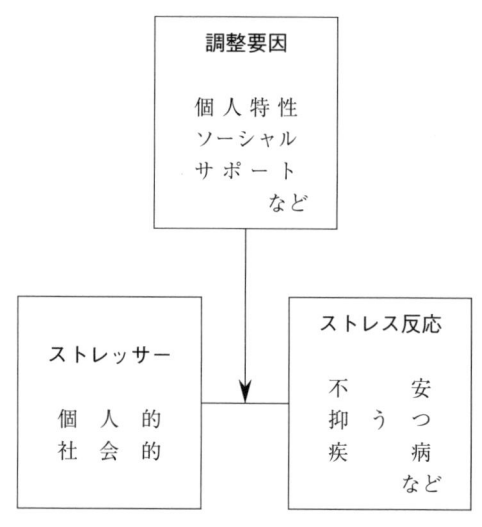

図9－1　ストレスのモデル

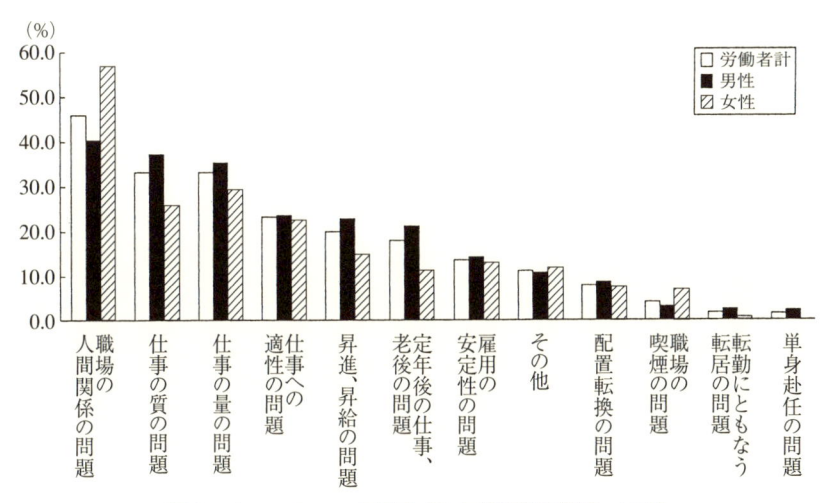

図9-2 ストレスの原因（日本労働研究機構, 1997）

性では約60％の人が，人間関係にストレスを感じている。

社会人を対象にした調査（東京ガス都市生活研究所，2001）によると，ストレスのもとになっているのは，男性では上司が１位，つづいて同僚，配偶者となっている。女性は，１位が仕事の同僚，配偶者と上司が同数で２位，配偶者の親，子どもとつづくが，１位から５位あたりまでほとんど差がない。男性の場合は職場の人がストレス源となり，女性の場合は配偶者や子ども，義理の親といった家族や親族がストレス源であることが特徴である。

2 若者の離職原因

上司があいさつしてくれない

最近，会社や大学で「近頃の若者はあいさつもろくにできない」と嘆く上司や教員は結構多い。私もそのひとりで，授業で教えている学生に学内で出会っても，時には視線を合わせているにもかかわらず，あいさつもしない学生に何かしっくりこないものを感じることも多かった。そんな時，ある調査結果が目についた。離職願望を持つ若年労働者を対象にした調査で，離職の原因となる上司像を探ったところ，「私の上司は，私に毎朝夕，きちんとあいさつしてくれない」という項目と離職願望の強さとが高い関連にあることが見いだされた

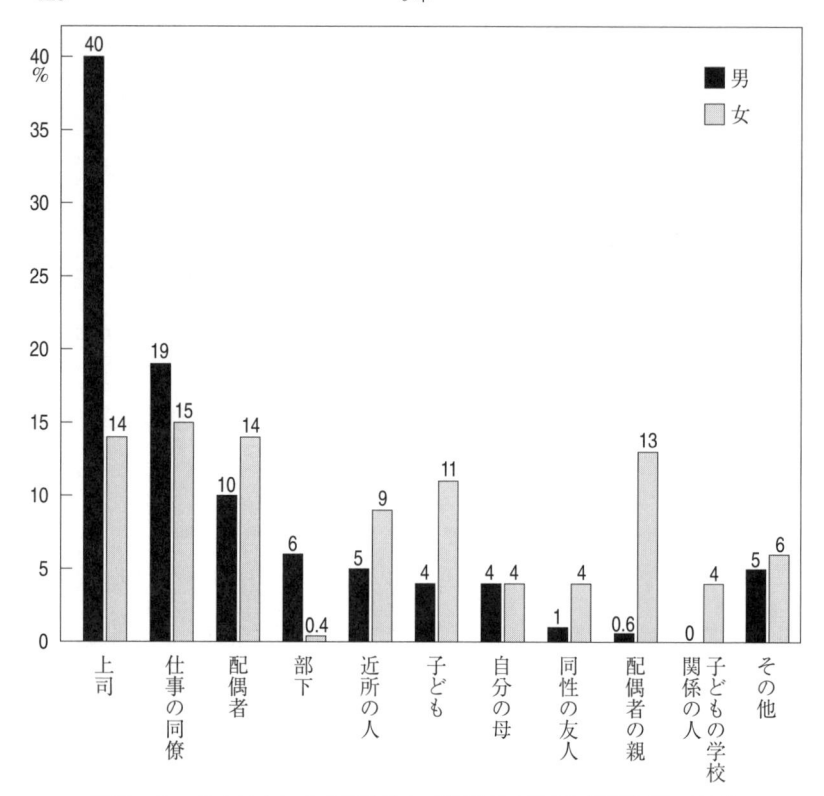

図9-3　最もストレスを感じる人（東京ガス都市生活研究所，2001）

（清水，1992）。上司側の常識としては，あいさつは目下の者からするのが当たり前，そんなこと言わなくともわかっているはずだ，という思い込みがある。しかし，若者は上司の方からあいさつすることを求め，そのあいさつがなされないときには不満をもち，離職への道を歩むというのである。学生に当てはめてみると，教員と学内で出会ったにもかかわらず教員は私にあいさつもしてくれない，ということになる。こうした意識のズレが両者のストレスを増大させることになる。

理解の悪い部下 vs 指示の悪い上司

相手に伝えたにもかかわらず，自分の思いや考えがうまく伝わらずに歯がゆい思いをした人や，こちらが意図したことと違った意味に受け取られ，人間関

係がこじれたという経験をした人も結構いるのではないだろうか。たとえば，職場で上司からの指示に従い部下が仕事をしたところ，上司から「誰がそんなことしろと言った？」「何もわかってないなあ」とため息をつかれることがある。上司から見れば，指示をしたのに部下がわかっていないと部下の理解の悪さを理由にし，部下から見れば，わかるようにきちんと説明してほしいと上司の指示の悪さを理由にする。それなりにコミュニケーションはとっているつもりなのだが，うまくかみ合わない。どちらも相手のせいにして，またまたストレスがたまる。

3 日常苛立事尺度

個人の人生上の出来事の変化と疾病との関連性を明らかにしたものに，ホームズとレイ（Holmes & Rahe, 1967）の社会的再適応評価尺度がある。これは，人生上の大きな出来事がどれくらいのストレス度になるかを評価し，合計得点が一定の点数を超えると病気になりやすいとするものである。一方，人生上の大きな出来事はまれにしか起こらないという批判のもと，日常生活でのストレスを反映させようとした研究もある。

ラザルスとコーヘン（Lazarus & Cohen, 1977）は，日常体験しにくい出来事よりも日常生活で起こるさまざまな苛立ち事の方が健康障害との関連が深いとして，日常苛立事尺度を作成した。これは，持続的・慢性的・常態的な性質をもつ日常の苛立ち117項目から構成されるものである。表9－1は，宗像ら（1986）による日本版日常苛立事尺度である。

これら34項目から生きがいや人間関係，自分の家族の将来や健康，社会生活上の人間関係など7つの因子が抽出されている。このように，日常生活の中での人間関係はストレスのもととなりやすいが，良好な人間関係はストレスを軽減し，健康にも影響すると考えられる。次に，コミュニケーションがストレス緩和にどのような効果があるのか見ていこう。

3．調整要因としてのコミュニケーション

ここではコミュニケーション行為のひとつとしてソーシャルサポートをとら

表9-1　日常苛立事尺度（宗像ら，1986）

(1) 自分の将来のこと
(2) 家族の将来のこと
(3) 自分の健康（体力の衰えや，目・耳の衰えを含む）のこと
(4) 家族の健康のこと
(5) 出費がかさむこと
(6) 借金やローンを抱えていること
(7) 家族に対する責任が重すぎること
(8) 収入が少ないこと
(9) 職場（学生の場合，学校）や取引先との人間関係のこと
(10) 家族（同居人以外も含む）との人間関係のこと
(11) 親戚関係のこと
(12) 近所関係のこと
(13) 毎日の家事（炊事，洗濯など），育児について
(14) 今の仕事（勉学等を含む）のこと
(15) 他人に妨害されたり，足を引っ張られること
(16) 義理の付き合いをしなければならないこと
(17) 暇を持て余しがちであること
(18) どうしてもやり遂げなければならないことを迫られていたり，控えていること
(19) 孤独なこと
(20) 生きがいがもてないこと
(21) 異性関係のこと
(22) 友人関係のこと
(23) いつ解雇（学生の場合，退学）させられるかということ
(24) 退職後の生活のこと
(25) 自分の外見や容姿に自信がもてないこと
(26) 生活していく上での性差別（男性の場合も含む）について
(27) 生活が不規則なこと
(28) まわりからの期待が高すぎること
(29) 陰口をたたかれたり，うわさ話をされること
(30) 過去のことでこだわりがあること
(31) 公害（大気汚染や近隣騒音など）について
(32) コンピュータなどの新しい機械についてゆけないこと
(33) 仕事（家事，勉学等を含む）の量が多すぎること
(34) 朝夕のラッシュや遠距離通勤（通学を含む）

(1)から(34)の各項目で，「日頃イライラを感じているかどうか」について，1．大いにそうである，2．まあそうである，3．そうではない，の選択肢のうち，1．大いにそうであるを選んだ場合を2点，2．まあそうであるを1点，3．そうではないを0点として加算し，指標化した尺度。
点数の高い方から約30％の得点圏内に当たる人を「日常苛立事が本人の心身の健康状態に大きな影響を及ぼしている」人とした場合，17点以上の人がこれに当たる（信頼性係数 $\alpha=0.92$）。

え，ストレス緩和要因とストレス促進要因として考えてみよう。

1　ストレス緩和要因としてのサポート
1）ソーシャルサポートとは

われわれは，人間関係がストレッサーとなってストレス反応を起こすことも多いが，同時に人からサポートを受けることによって，ストレスを和らげたり予防することもできる。たとえば，落ち込んでいるとき，家族や友人の励ましによって力づけられることもあるだろう。また，一人ではたいへんな仕事を手伝ってもらうこともあるだろう。こうした人からのさまざまな支援をソーシャルサポート（social support）という。ソーシャルサポートは，その人を取り巻く重要な他者から得られるさまざまな形の援助，と定義される。

ソーシャルサポートは，大きく分けて道具的サポートと情緒的サポートの2種類に分類できる。道具的サポートは，さらに2つに分類できる。問題解決に介入する直接的サポートと，情報などを提供する間接的サポートである。一方，情緒的サポートも2つに分類できる。愛情・愛着のような情緒的側面への働きかけと，評価やフィードバックのような認知的な側面への働きかけの2種類である。ハウス（House, 1981）は，こうしたサポートの種類を以下の4つに区分している。

①情緒的サポート：共感したり，信頼するなど，人と人との情緒的な結びつきと関係するサポート。②道具的サポート：仕事を手伝ったり，お金を貸したりするなど，直接的な行為を伴ったサポート。③情報的サポート：専門知識に関する情報の提供など，有益な情報や知識を与えて困難に対処できるように促すサポート。④評価的サポート：意見に賛成したり，仕事ぶりを認めるなど，その人の考えや行為を認めるサポート。

2）ストレス，健康とソーシャルサポート

ソーシャルサポートと健康に関する研究をいくつか紹介する。バークマンとサイム（Berkman & Syme, 1979）は，死亡率とソーシャルサポートの関連を調べた。ソーシャルサポートは，人のネットワークの程度で測られた。具体的には配偶者の有無，友人や親戚の人数と接触の頻度，教会活動への参加，集団への所属などである。サポートの多い群は少ない群に比べて死亡率がかなり低く

なっている。

　表9−2は，夫や妻と死別したり離婚した人は，そのような経験のない同年代の人と比べた場合，さまざまな病気で死ぬ可能性がどのくらいになるかを示している（Lynch, 1977）。

　たとえば，妻を亡くした男性は，その後に結核で死ぬ可能性がそうでない男性よりも6倍，肝硬変では4.36倍高いことを示している。また，ピリサックら（Pilisuk et al., 1987）は，医療機関への受診回数を5年間にわたって調査し，生活ストレスが大きい時，友人や家族からのサポートを得ている人は，サポートを得られない人に比べて，受診回数が少ないことを明らかにした。

3）サポートの効果

　サポートの効果の現われ方には主に2つの考え方がある。ストレス緩和仮説は，サポートがストレッサーとストレス反応に介在してストレッサーの有害な影響を和らげるという考え方で，サポートの効果はストレス水準の低いときには見られず，ストレス水準の高いときにのみ見られる。一方，ストレス水準の高・低にかかわらず，サポートが効果を持つとする考えを直接仮説という。過

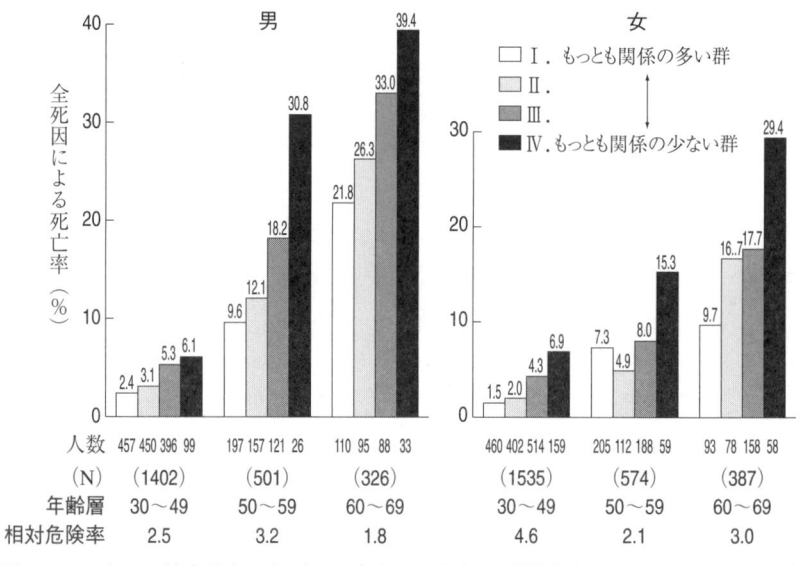

図9−4　人々の社会的なつながりの多少と死亡率との関係（Berkman & Syme, 1979）

表9-2 配偶者との死別・離別によって病気による死亡率が増加する割合
(Lynch, 1977より作成)

病気の種類	死別経験者		離婚・別居者	
	男性	女性	男性	女性
結核	6.00	2.00	10.00	2.50
肝硬変	4.36	3.25	7.18	4.42
肺炎	4.17	1.75	7.33	2.50
胸部ガン	2.50	1.02	2.50	1.13
咽頭ガン	2.12	1.47	4.10	1.67
糖尿病	2.00	1.57	2.83	1.14
脳卒中	1.92	1.63	2.42	1.47
冠動脈疾患	1.56	1.52	2.06	1.41

(注)表の数値は,同じ年齢層で死別や離婚・別居を経験していない人と比べた場合の比率を示す。

去の研究結果は,必ずしも緩和仮説を支持するものばかりではなく,サポートを受けていてもストレス反応が高まるという研究結果もある。この点について,サポートの効果には限界があるとする考え方がある。つまり,サポートの効果は,ストレスの程度が中程度までは有効であるが,ストレスの程度が高くなると,サポートを受けても心身の状態は悪化してしまうと考えるのである。たとえば,浦(1989)は,単身赴任中に生じるストレスとサポートが家族や妻の適応にどのような影響を及ぼすかを調べ,サポートは緩和効果を持つけれども,その効果には一定の限界があるとしている。

4) 社会的コンボイ・モデル

カーンとアントヌッチ(Kahn & Antonucci, 1980)は,生涯発達の視点からネットワークの継時的変化をとらえることのできる分析枠組みとして,コンボイ・モデルを提案している。コンボイ(convoy)とは,無防備の輸送船とそれを護衛する駆逐艦からなる輸送船団を意味する言葉である。個人のソーシャルサポートネットワークは,人生の社会的コンボイと呼ばれる。つまり,母艦が護衛艦に守られているように,個人も複数の人々によって支えられて生きているということである。人は,生涯を通じて配偶者,労働者,親,友人など,さ

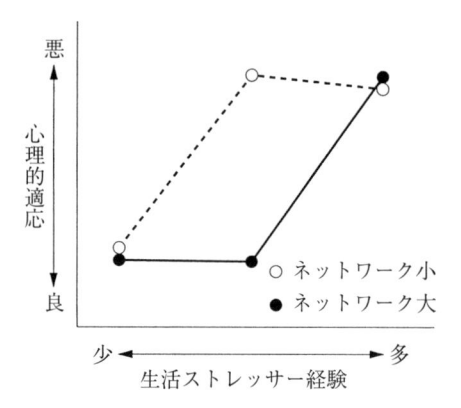

図9-5　単身赴任者の家族の心理的適応とサポート・ネットワーク，ストレッサー経験との関係（浦ら，1989より作成）

まざまな役割を取り，また離れる。こうした役割は，他者との接触や相互作用の基礎となる。図9-6は，役割移行や役割喪失などによる役割ストレスへの対処として，個人をまわりから支えるネットワーク援助システムを示している。

　内側の小さな円Pは，問題になる人である。このPを囲むように配置された人たちは，Pにとってソーシャルサポートを与えてくれる重要な人である。一番外側の円は，本人との親密度が最も低く，完全に役割関係に基づいた関係である。外から2番目の円は，時間の経過とともに変化する可能性がある関係で，役割関係への依存は多くない。内側の円は親密度がもっとも高く，サポートをしてくれる重要な人から成っている。コンボイ・モデルは，ソーシャルサポートを個人間の関係性の深さから論じており，豊かで安定したネットワークを持つ人が人生の危機に耐性があると考える。

2　ストレス促進要因としてのサポート

　ここでは，コミュニケーションをすることがかえってストレスを増幅してしまうということについて考えてみよう。

1）送り手に対する否定的感情

　親しい間柄の人であっても，自分に対していろいろうるさく言われれば，た

ストレス・健康とコミュニケーション

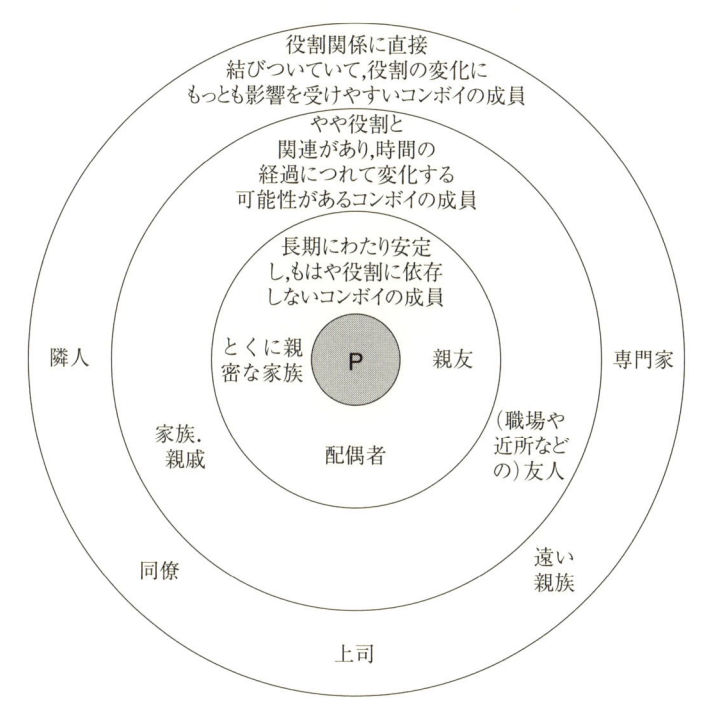

```
        役割関係に直接
     結びついていて，役割の変化に
    もっとも影響を受けやすいコンボイの成員
              やや役割と
              関連があり，時間の
              経過につれて変化する
              可能性があるコンボイの成員
               長期にわたり安定
              し，もはや役割に依存
               しないコンボイの成員

  隣人      とくに親              親友    専門家
            密な家族    P
         家族.              (職場や
         親戚      配偶者    近所など
                          の)友人
          同僚              遠い
                            親族
                   上司
```

図9－6　コンボイの仮説的例示（Kahn & Antonucci, 1980；遠藤ら, 1993）

とえそれが正論であっても素直に受け入れにくい。ましてや嫌いな人からであれば，受け入れ難いものがある。送り手と受け手の認知のズレに関して，ソーシャルサポートを例に考えてみよう。今，サポートを提供する送り手とサポートを受ける受け手がいるとすると，送り手はサポートのつもりでも受け手がサポートとして受け取っていない場合には，サポートを受けること自体がストレスの原因になってしまうと考えられる。職場でいえば嫌いな上司からのサポートは，たとえそれが援助的なものであったとしても，受け手にとってサポートと受け取れないことになる。私たちの日常でも，勉強や就職活動について親や教師からうるさく言われると，それが正しいことであるとわかっていても反発してしまう。いくら一生懸命当人のためだと思ってサポートしても，当人がサポートとして受け入れなければその効果は得られない。こうした，受け手の送り手に対する否定的感情がある場合，いくら送り手に伝える気持ちがあっても

伝わらない。

2）正当性がないとき

　友人からのソーシャルサポートが人の不安や心理的な反発を高めることがある。

　菅沼ら (1997) は，友人がサポーティブなはたらきかけをする上で十分な正当性を持たない場合，心理的反発を招くことを明らかにしている。実験では，被験者は数字の単純加算を行うよう求められ，友人から課題遂行量の目標を高めに設定してはどうかという言葉をかけられる。このとき，正当性の低い友人からのはたらきかけは，被験者の不安を高め，心理的な反発を引き起こした。また，被験者の課題遂行量も，正当性の高い友人からはたらきかけられた方が正当性の低い友人からはたらきかけられた場合よりも高くなることが示された。正当性の低い友人の場合，被験者の心理的反発から動機づけを低下させ，不安や緊張が出てきて課題遂行が抑制されると考えられる。

3）親密な対人関係の場合

　親密な関係がソーシャルサポートの機能を持つということは当たり前のように思うかもしれない。しかし，親密であることが必ずしもよいとは限らない場合もある。たとえば，自分の夫や恋人が戦地にいる場合，帰ってくるのを待つ女性にとっては，友人と親密であるほど不安が高まり，サポートを多く受けるほど抑うつも高くなる傾向にあった（Hobfoll, 1986）。ホブフォールらは，自分と同じ境遇にいる人たちと相互作用することによって，起こっていることについて現状よりも大げさな説明がなされ，かえってストレスを大きくしてしまうと考え，圧力釜効果（pressure cooker）と名づけた。この考え方からいうと，親密なふたりがコミュニケーションを取る場合，自分たちにとって不安なことを話し合うと，かえって不安を増幅させることになるので，不安と無関係なことを話し合う方が不安を低めることになる。

4．コミュニケーションがうまくいかなかったとき

　コミュニケーションがうまくいかなかったとき，私たちはどのようなことを感じ，どのような状態になるのだろうか。ここではストレス反応として表れる

孤独感や無気力感について考えてみよう。

1　孤独感

OLのランチメート症候群

「いっしょにランチタイムを過ごす友人がいなくて，昼食抜きで街をぶらぶらして休み時間を過ごすことも多かった。さびしい人間と思われるので，一人で食べるのが耐えられないと悩み，夜も眠れない日が続いた。（中略）仲間に入りたいが断られるのが怖く，声をかけることすらできない。同じような症状で病院を訪れるOLがこの数年目立ってきた」（日本経済新聞，2002．5．15夕刊）。こうした仲間のいないランチタイムを憂うつに思うOLをランチメート症候群と呼んでいる。以前から，昼食時に孤立することを恐れて「昼が怖い」という学生がおり，大学に適応できない場合があった。それでは，孤独感(loneliness)とはどのようなものだろうか。

1）孤独感とは

ペプローら（Peplau et al., 1982）によると，「孤独感とは社会的接触や相互作用の願望レベルと達成レベルのくい違いである」と定義される。個人の望む社会的関係水準よりも現実の関係が希薄であることに起因する，不快で苦痛を伴う主観的経験であり，他者との関わりを通して生み出される社会的感情のひとつであるとしている。社会的孤立とは区別され，社会的孤立が現実の社会的関係の欠如常態であるのに対して，孤独はあくまで自分が望むような関係が得られていないことに対する不快な主観的経験である。孤独感の測定法としては，ラッセルら（Russell et al., 1980）のUCLA孤独感尺度があり，わが国でも工藤・西川（1983）が日本語版を作成している。

2）孤独感とその対処

孤独におちいったとき，どのように対処すればよいのだろうか。広沢(1985)は，大学生を対象に調査を行い，表9－4にみられる7つの因子を抽出した。

対処行動での性差では，男子学生のほうが女子学生よりも「憂さ晴らし」の行動をよくとり，女子学生は男子学生よりも「身近な行動への逃避」，「情緒的逃避」，「甘え」といった行動をとり，「忍耐・待機」もみられ，「対人接触」でも高い傾向にあった。

表9−3　UCLA孤独感尺度（工藤＆西川，1983）

＊1．私は自分の周囲の人たちと調子よくいっている。
　2．私は人とのつきあいがない。
　3．私には頼りにできる人が誰もいない。
＊4．私は一人ぼっちではない。
＊5．私は親しい友だちの気心がわかる。
＊6．私は自分の周囲の人たちと共通点が多い。
　7．私は今，誰とも親しくしていない。
　8．私の興味や考えは，私の周囲の人たちとはちがう。
＊9．私は外出好きの人間である。
＊10．私には親密感のもてる人たちがいる。
　11．私は疎外されている。
　12．私の社会的なつながりはうわべだけのものである。
　13．私をよく知っている人は誰もいない。
　14．私は他の人たちから孤立している。
＊15．私はその気になれば，人とつき合うことができる。
＊16．私を本当に理解している人たちがいる。
　17．私は大変引っ込み思案なので，みじめである。
　18．私には知人がいるが，気心の知れた人はいない。
＊19．私には話し合える人たちがいる。
＊20．私には頼れる人たちがいる。

注）回答は"決して感じない"〜"しばしば感じる"の4件法。
　＊は逆転項目。

2　バーンアウト

　人とのコミュニケーションがうまくとれず，無気力になってしまうことがある。特に対人関係のサービス面で起こりやすく，子どもや患者とうまく接することができなくなってしまう。ひきこもりなどもコミュニケーションがうまくとれず，バーンアウト（burnout）してしまうことが一因であると考えられる。

1）バーンアウトとは

　バーンアウトは，燃えつき症候群ともいわれ，過度で持続的なストレスに対処できずに，張りつめていた緊張が緩み，意欲が急速に萎えてしまったときに表出される極度の身体疲労と感情の枯渇に関する症状である（田尾，1991）。バーンアウトがストレス研究で注目される理由は，医療や福祉，教育など特に

表9-4　孤独に対する対処行動45項目の因子分析（広沢，1986）

第Ⅰ因子 「憂さ晴らし」	27 20 18 31 15 21 7 29	タバコを吸う 車やバイクで走りまわる パチンコをする マージャンをする 酒を飲む ディスコに行く TVゲームをする 旅に出る	.695 .690 .686 .611 .586 .469 .444 .441
第Ⅱ因子 「趣味・仕事への没頭」	22 14 43 39 42 9	何か（趣味など）に熱中する 読書をする 楽しいことを考える 音楽を聴く ラジオを聞く 仕事や勉強に打ち込む	.686 .619 .541 .468 .460 .448
第Ⅲ因子 「対人接触」	1 6 25 37 32	親しい人に会う 誰かに気持ちを打ち明ける 誰かに電話する スポーツをする バカ騒ぎをする	.692 .672 .650 .458 .421
第Ⅳ因子 「忍耐・待機」	19 8 17 44 34 38 4 24	時がたつのを持つ じっと耐える ひとりになる 何もしないでいる 空想にふける 自分を見つめ直す 寝る 開き直る	.625 .615 .614 .571 .485 .443 .425 .404
第Ⅴ因子 「身近な行動への逃避」	30 12 2 11 5 16 33	買物に行く 人の多くいる所に行く 自分の身のまわりを整理整頓する 映画や劇を見に行く 食べる 料理をする 歩きまわる	.594 .552 .517 .503 .450 .431 .430
第Ⅵ因子 「情緒的逃避」	36 40 13 23 28	日記をつける 詩や歌を作る 手紙を書く テレビを見る 泣く	.696 .625 .500 .489 .448
第Ⅶ因子 「甘え」	26 10 41	親に甘える 人にやつあたりをする ペットと遊ぶ	.563 .538 .465

人と接する職業につく人々に多発しているからである。具体的には看護婦，ソーシャルワーカー，教師などの職業に見られ，彼らにおける典型的なストレス反応である。

2）バーンアウトの症状

バーンアウトの症状としては以下のようなものが見られる。

①消耗感：疲れ果て，もう働くことができないという気分。何もしたくなくなったという心理的な要素を含んでおり，兵士の戦い疲れに似たものである。バーンアウトの中核をなす。

②消極的な見方：クライエントに対する消極的な対応で，彼らに対する無情なあるいは人間性を欠くような感情や行動である。クライエントと距離を置き，彼らと接触しない態度といえる。

③固執的態度：クライエントに接しようといしない行為を，独自の価値観や態度によって正当化するようになる。いわゆる合理化である。また，目的意識や責任感を喪失し，さらに情緒的無関心など後ろ向きの態度変化が起こる。

④個人的達成感の後退：個人的達成感は，するべきことを成し遂げたという充実感であるが，これを実感できず，達成感が後退する。どのように努力してもクライエントを幸せにすることができないという学習された無力感ともいえる。

⑤行動異常：理想主義的な理念と行動の実際との矛盾から，少しのことで腹を立てたり，イライラしたり，急に黙り込むなど，行動の安定が失われる。

バーンアウトの測定については，ⅰ情緒的な消耗感（emotional exhaustion），ⅱ脱人格化（depersonalization），ⅲ個人的達成（personal accomplishment）感の後退，の3つの下位次元からなる尺度が使われることが多い。

3）バーンアウトの規定因

バーンアウトの規定因として，特に多忙や過重な負担が重要な要因とされている。田尾は，クライエントとのあわただしくゆとりのない関係が，バーンアウトの重要な規定因であるとしている。こうした「仕事の切迫感」の他に，「自律性」の少なさも関係する。たとえば，看護婦は，医師からの指示に従わなければならず，自律性が低いので，よりバーンアウトになりやすいと考えられる。皮肉なことに，人生に理想を持たない人はこの病気にかかることはない

といわれ，理想に燃えた有能な人ほど，バーンアウトから逃れることは難しい。

5．対人関係をストレスにしないために

　寒い冬の夜，2匹のヤマアラシが出あった。彼らは体を寄せ合ってぬくもりで寒さをしのごうとした。ところが，近づくとお互いのトゲで痛くてたまらない。離れると寒いし，近づくと傷つけあってしまう。2匹はひっついたり離れたりを繰り返し，ようやく最適な距離を見つけた。ベラック（Bellak, 1970）は，ショーペンハウエルの寓話「ヤマアラシのジレンマ」を対人関係にたとえた。現代人の多くは人間関係が希薄になり，対人関係の距離をどのようにとっていいかわからなくなっている。ここではその距離を少しでも理想に近づけるための方法について考えてみよう。

1　適切な自己表現：バランスのとれた自己開示
　まず，自分自身のことをいかに適切に表現するのかという点を考えてみよう。今や伝える側（送り手）の努力が要求されるのは当然となり，プレゼンテーションなど伝えるスキルの向上が今後ますます必要となる傾向にある。その中で，自分自身を相手に伝えるということを，自己開示を通して考えてみる。
　自己開示とは，相手が知らない自分についての情報を相手に知らせることである。自己開示の初期の研究では，自己開示を多くする人ほど精神的健康度が高くなるであろうという直線的関係が予想されたが，コズビィ（Cozby, 1973）は，自己開示と精神的健康との間には逆U字型の曲線的関係があると考えた（図9－7）。つまり，開示が多すぎても少なすぎても精神的健康度は低く，適度な開示を行う人が最も精神的に健康であるとした。
　自己開示と好意度との関係は，多く自己開示をするほど，深く自己開示をするほど好意度が増すと思われたが，多くの自己開示や深い自己開示よりも，中程度の自己開示の方が，より好意を感じることがわかっている。これは，精神的健康度と同様，自己開示と好意度との間にも逆U字型の曲線的関係があることを示している（図8－7）。また，自己開示には返報性があり，自分が自己開示をすると，相手も自己開示をする傾向がある。さらに，初対面の相手に

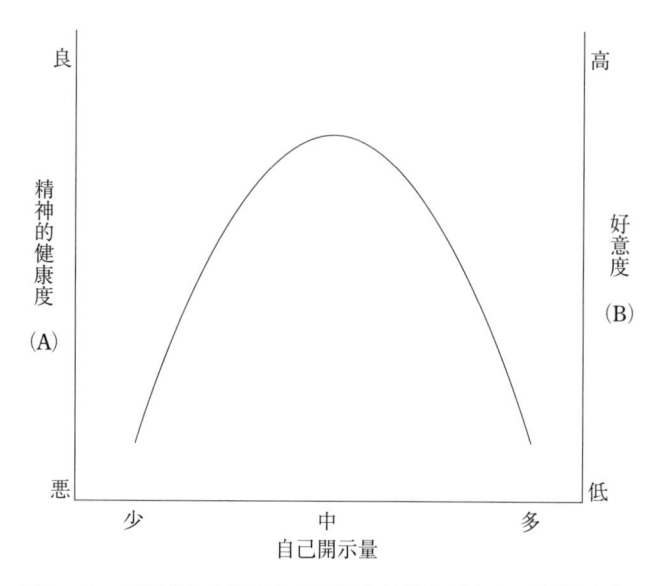

図9—7　開示者における自己開示と精神的健康との関係（A），および開示者の自己開示と開示者に対して相手の感じる好意度との関係（B）（深田，1998）

多くの自己開示をする人や，自己開示をしてくれた相手にまったく自己開示を返さない人は嫌われやすい傾向がある。私たちの身近にも，初対面なのにやたらと自分のことを話したがる人もいれば，こちらが開示しても自分からは何も話してくれない人もいる。積極的に自分自身のことを相手に伝えることは必要ではあるが，それにも程度があることに注意すべきであろう。

2　雑談の重要性

現在，ほとんどの企業でリストラが実施され，それぞれの企業が生き残りをかけて闘っている。しかし，仕事の効率を追求したあまり，社内の人間関係がギクシャクしているところも多い。たしかに無駄はなくなったかもしれないが，ギスギスした人間関係の中で仕事をすると，いろいろなところで支障をきたす。コミュニケーションの減少もそのひとつである。IT化の進展によってますます対面でのコミュニケーションが減ってきたが，職場の中でコミュニケーショ

ンが減少するということは，必要なこと以外は話をしなくなるということを意味する。

　田中（1987）は，ことばには仕事のための会話である職業的言語（用談）と会話のための会話（雑談）があり，雑談は無駄なことばではあるものの，実際には情緒の相互的容認を促すという重要な役割を果たすものである，としている。また，雑談の中から独創的なアイデアが出てくることもある。その意味で，人と人とが信頼関係を取り戻し，円滑な人間関係を築くためには，雑談が不可欠であると考えられる。

3　苦手な人との接し方：返報性の活用

　人間関係は鏡と同じであるといわれることがある。つまり，相手が自分を好きになってくれたら自分も相手のことを好きになりやすく，相手が自分を嫌っていると思うときには自分も相手のことを嫌う傾向がある。このように考えると，今，自分が苦手であると思う人がいたとしても，自分の接し方で苦手な人や嫌いな人を少なくできそうである。

　この章の最初にあげた「上司が私にあいさつしてくれない」という例も，部下からでも上司からでも，まず自分から相手に好意を示せば問題は解決する。その好意とは，たとえば単にあいさつするだけである。その場合，相手があいさつしてくれるまで待つのではなく，自分からあいさつするというのがポイントである。まずはそこからはじめてみれば，コミュニケーションがはじまり，今まで気がつかなかった相手の長所にも目がいくようになる。

4　「気づき」と「まねる」：スキルトレーニングから

　テニススクールなどでは，ボールを打つのをビデオにとり，それをチェックすることで自分の悪いところを直していくことがある。そのとき，自分を見ているのに自分ではないと思うほど，持っているイメージと違うフォームで打っていることに気づく人は多い。私たちは，自分ではきちんとやっているつもりでも実際にはそうでないことがあり，他の人の目に自分がどのように映っているのかをはっきり認識できていることは少ない。

　スキルトレーニングでは，スキルを持っている人のビデオとスキルをもって

いない自分のビデオを見比べ，当人にまず気づかせる。テニスと同様，本人はやっているつもりでも，表情が乏しかったり体の動きが小さいなど，その違いは大きい。次にスキルを持っている人のビデオを参考に，その人のまねをするのである。その後，実際の行動として積極的に自分からあいさつしてみる。相手からの反応があるとうれしいもので，そこからコミュニケーションが生まれる。スキルを身につける方法はいろいろあるが，その前に自分に気づくことがまず第一である。

　よりよいコミュニケーションを可能にするためには，この他にもさまざまなことが考えられるが，最後に，思いや考えがうまく伝わらず，けんかになってしまったときの早期解決法を紹介する。

5　良きけんかのコツ

　相手に自分の考えや思いがうまく伝わらず，意見の食い違いが起こりけんかになってしまったとき，われわれはどうしたらいいのだろうか。けんかは確かに相手との関係が悪化している状態であるが，たとえば夫婦の場合，けんかが多いからといってお互いに不満であるとは限らない。けんかは，特定の考えや行動に対して，何とか相手の考えや行動を直そうとして起きることが多い（井上，1997）。たとえば，子どもにとってけんかをすること自体は，社会化の点からも必要である。けんかそのものが悪いと決めつけるのではなく，それをどのように収束させるのかが問題である。けんかを通じて相手をよりよく理解することも可能なのである。当然，片方が常にじっと我慢して怒りを押し殺していたり，相手の話を聞かず一方的に相手を責めるというようなバランスの悪い状態では，問題の根本的解決には至らない。こうした問題を解決するためにゴルマン（Goleman, 1989）は，良きけんかのコツとして次のようなことをあげている。

　1．あいまいな一般化を避け，はっきりとした不満を述べること。
　　（一般化すると嫌みが混じり，人格全体を攻撃することになってしまう。）
　2．相手の非難に対して反対しない。
　　（反対すると，言い訳がましく聞こえ，非難を助長する。）
　3．相手の話をしっかりきいていることを示すこと。

（誠実に対応していることを相手に示す必要がある。）
　4．自分自身が怒っていることを認めること。自分の気持ちをごまかさない。
（無意識の心理学の立場からも，抑圧することは解決にならない。）
　けんかの早期解決のためには，パートナーが自分の不満を素直に出すことができる環境をつくり，感情のコントロールをはかって二人で問題を解決していこうというお互いの前向きな姿勢が不可欠である。

10章
説得とコミュニケーション

　私たちの生活の中で，自分とは意見や態度の異なる人と接することはよくある。そのようなとき，私たちはどのように行動をとるだろうか。意見や態度が異なってもよいと思う場合もあれば，相手に認めさせたり相手を説得したりすることもあるだろう。この章では，依頼や説得といったコミュニケーションがどのような要因と関連し，どのような過程を経て起こるのか，さらにどのように説得するのかについてとりあげる。説得（persuasion）とは，主として言語的手段を用いて，態度や行動を特定の方向に変容させようとする行為のことである。そこで，態度とは何かということから考えてみよう。

1. 態度とは

1　態度とは

　一般に使われている「態度がよい」とか「態度が悪い」といったことばと社会心理学で使われる「態度」（attitude）とは少し異なり，行動とは区別される。
　態度の定義は研究者によって異なるが，代表的な定義はオールポート（Allport, 1935）によるもので，「態度とは，経験を通じて体制化された精神的・神経的な準備状態であり，個人がかかわりを持つあらゆる対象や状況に対するその個人の反応に，指示的あるいは力動的な影響を及ぼすものである」としている。
　態度の性質について以下の点をあげることができる。
　①態度は常に対象を持つ。対象は人や集団，価値，制度などさまざまである。
　②態度とは，反応のための先有傾向，準備状態である。従って，態度は刺激

と反応との媒介物であり，直接には観察不可能な構成概念である。
③態度は生得的なものでなく，むしろ後天的に経験や学習を通じて形成され獲得されてくるものである。
④態度は一時的なものでなく，いったん態度が形成されると比較的安定しており持続的である。
⑤態度は一定の対象について，「良い－悪い」「好き－嫌い」といった評価を含む。その評価は，ポジティブからネガティブにその方向と強度を変える。
⑥個々の対象に対する個別的態度はお互いに関連をもち，構造化され，態度群，態度布置を形成する。

2　態度の構造

態度はどのような成分によって構成されているのだろうか。ローゼンバーグとホヴランド（Rosenberg & Hovland, 1960）は，構成要素として感情・認知・行動の3つの成分をあげている（図10－1）。

感情的成分：対象に対する「賛成－反対」「好意－非好意」といった感情。

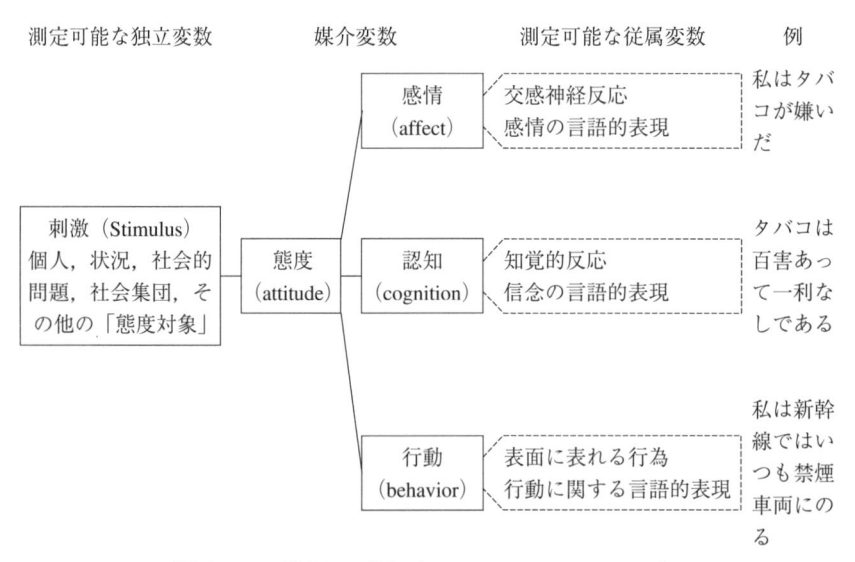

測定可能な独立変数	媒介変数		測定可能な従属変数	例
刺激（Stimulus）個人，状況，社会的問題，社会集団，その他の「態度対象」	態度（attitude）	感情（affect）	交感神経反応 感情の言語的表現	私はタバコが嫌いだ
		認知（cognition）	知覚的反応 信念の言語的表現	タバコは百害あって一利なしである
		行動（behavior）	表面に表れる行為 行動に関する言語的表現	私は新幹線ではいつも禁煙車両にのる

図10－1　態度の3成分（Rosenberg & Hovland, 1960）

認知的成分：態度対象について持っている「よい－悪い」などの信念や情報。

行動的成分：「受容－拒否」「接近－回避」など，対象に対する行動的傾向の強さ。

たとえば，アイスクリームが甘い（認知的成分）ことを知った子どもがそれを好きになり（感情的成分），機会あるごとに食べようとする（行動的成分）。このような時，アイスクリームに対する態度を持つようになる。

3　態度と認知的一貫性

態度が変わるということは，どのように説明できるだろうか。ここでは，認知的一貫性の代表的な考え方である認知的均衡理論（cognitive balance theory）と認知的不協和理論（cognitive dissonance theory）を紹介する。

認知的均衡理論

今年は阪神が優勝しそうだと信じているPさんは，根っからの阪神ファンである。そんなPさんに最近彼氏ができた。ところが，新しくできた彼氏は巨人ファンであるらしい。そのとき，Pさんはどのようなことを考えるだろうか。ハイダー（Heider, 1958）のPOX理論を用いて考えてみよう。

ある人のある対象に対する態度は，自分（P）と態度対象（X），他者（O）との間の心情関係によって説明される。心情関係は「好き」「嫌い」の関係で，「好き」を＋，「嫌い」を－で表す。3つの関係の積が＋の時，自分にとって均衡のとれた状態で，3つの関係の積が－の時は，自分にとって不均衡の状態である。こうした不均衡状態を均衡状態にするには，3つの関係の中でひとつを変化させることである。このとき，自分が対象Xに対して，もしくは他者Oとの関係に変化が起きたらそれは態度変化として考える。

先ほどの阪神ファンであるPさんの例でいうと，以下のようなことになる。

①阪神ファンをやめるくらいなら彼氏と別れる（彼氏への態度変化）。
②彼氏がすべてだから阪神ファンをやめる（阪神への態度変化）。
③彼は巨人ファンを気取っているだけで実は隠れ阪神ファンなのだと思う。

認知的不協和理論

世界の終わりを予言したのはノストラダムスだけではない。宗教の中には世界の終わりを予言しているものがあり，それが信者獲得方法として使われるこ

10章

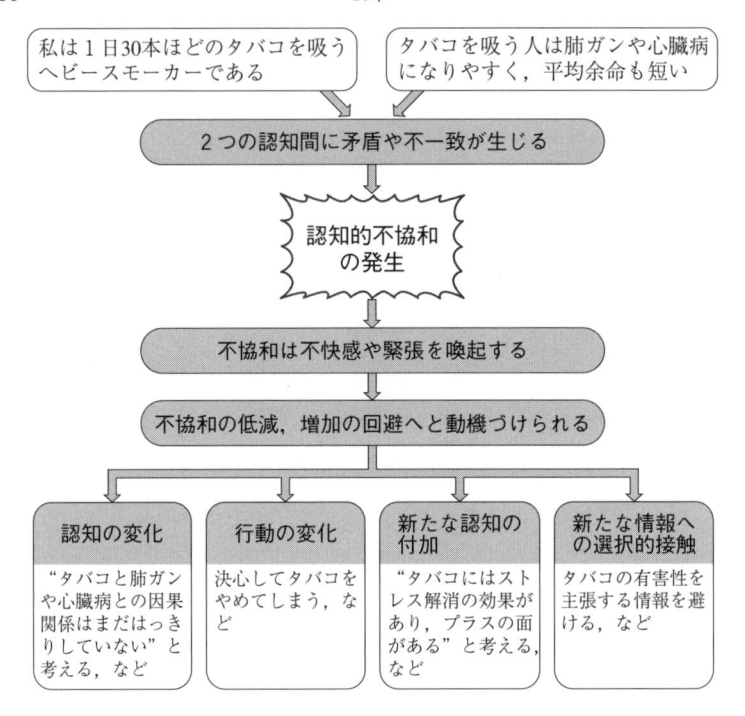

```
┌─────────────────────┐      ┌─────────────────────┐
│私は1日30本ほどのタバコを吸う│      │タバコを吸う人は肺ガンや心臓病│
│ヘビースモーカーである      │      │になりやすく，平均余命も短い │
└─────────┬───────────┘      └──────────┬──────────┘
          └──────────┬──────────────────┘
              ┌──────▼──────────────────┐
              │ 2つの認知間に矛盾や不一致が生じる │
              └──────────┬──────────────┘
                   ┌─────▼─────┐
                   │ 認知的不協和 │
                   │  の発生   │
                   └─────┬─────┘
              ┌──────────▼──────────────┐
              │ 不協和は不快感や緊張を喚起する │
              └──────────┬──────────────┘
              ┌──────────▼──────────────┐
              │ 不協和の低減，増加の回避へと動機づけられる │
              └──────────┬──────────────┘
```

認知の変化	行動の変化	新たな認知の付加	新たな情報への選択的接触
"タバコと肺ガンや心臓病との因果関係はまだはっきりしていない"と考える，など	決心してタバコをやめてしまう，など	"タバコにはストレス解消の効果があり，プラスの面がある"と考える，など	タバコの有害性を主張する情報を避ける，など

図10－2　フェスティンガーの認知的不協和理論（上野，1994）

とがある。世界の終わりが近くやってくるが，その宗教の教えに従えば特別に救われる，というものである。予言を信じて時間や財産を投じて活動を行った信者は，予言がはずれたときどのような反応を示すだろうか。

　フェスティンガー（Festinger, 1957）は，人の相互に関連する認知要素間に矛盾，不一致，不整合なものがあれば，それは不協和状態であるとした。人は不協和が起こった場合，それを低減しようとし，不協和を増大させるような状況や情報を積極的に回避する，と考えた。不協和状態では心理的な緊張や不快感を持つ。その不快感を除くために不協和を協和に変えるよう動機づけられるとしている。

　たとえば，自分がヘビースモーカーであるということと，喫煙は肺ガンやその他の病気の有力要因であることによる不協和状態を考えてみよう。こうし

た不協和を解消する方法として、以下のことが考えられる（図10-2）。

①自分の行動を変える：たとえば、思い切って禁煙するなど。

②環境に対する自分の認知を変える：たとえば、喫煙と肺ガンに関する因果関係の報告は何かの間違いとし、報告書の信頼性に疑念をはさみ、情報の再評価を行う、など。

③新たな認知要素を付加する：たとえば、「友人も吸っているが健康である。だからそんなに影響はない」と考える。

さて、世界終末の予言の話に戻ると、予言がはずれたという認知と今までそれを信じて多くの犠牲を払ってきたという認知は不協和を起こす。そのとき不協和の解消法として、彼らは教団を去ることなく、予言がはずれたことに対する説明を見いだした。つまり、自分たちの信仰の篤さが世界を救ったと考え、自分たちを納得させた。さらに、信者になるよう積極的なPR活動が行われた。この行動は、他の人たちを改宗させるということを意味している。このように、人は何らかの不協和を起こしたときに、その矛盾を自分の都合のよいように説明して自分を納得させてしまうことが多いのである。

2．説得効果の要因

説得的コミュニケーションとは、コミュニケーションの送り手が受け手の態度を特定の方向に変容させるために、受け手が態度対象についてもっている信念や情報を変化させる意図で送られるコミュニケーションのことである。この場合、誰が（どんな人が）、何を、どのような手段で、誰に伝達し、その効果がどうであったかが問題となる。図10-3は、説得過程の規定要因についての図である。以下、説得効果の要因について説明する。

1　送り手の要因
送り手の信憑性

日ごろから尊敬していて信頼できる先生や上司から言われた場合と、信頼できないと思っている先生や上司から言われた場合とでは、同じ内容でもその受け入れ方は異なる。つまり説得的コミュニケーションの効果には、送り手の信

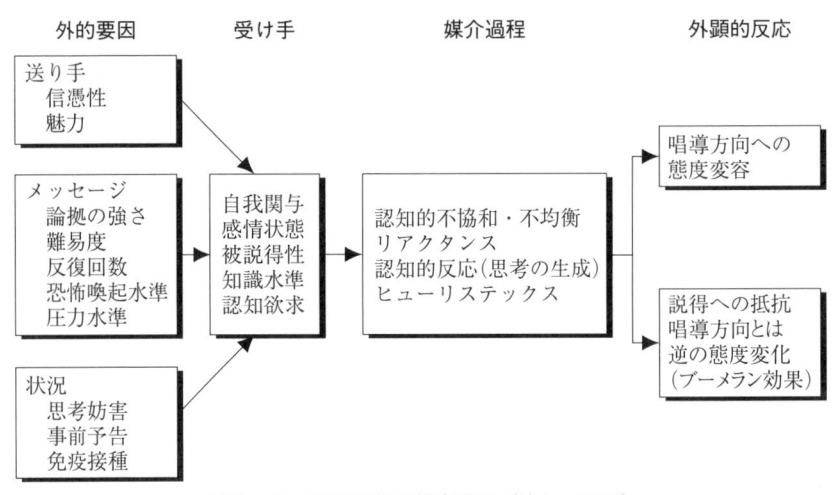

```
外的要因            受け手         媒介過程         外顕的反応

┌─────────┐
│ 送り手   │
│  信憑性  │
│  魅力    │
└─────────┘
                ┌─────────┐    ┌──────────────┐    ┌──────────────┐
┌─────────┐     │ 自我関与 │    │認知的不協和・ │    │唱導方向への  │
│ メッセージ│    │ 感情状態 │    │  不均衡      │    │態度変容      │
│  論拠の強さ│ → │ 被説得性 │ → │リアクタンス   │ →  └──────────────┘
│  難易度   │   │ 知識水準 │    │認知的反応(思考│
│  反復回数 │   │ 認知欲求 │    │ の生成)       │    ┌──────────────┐
│  恐怖喚起水準│ └─────────┘    │ヒューリステックス│  │説得への抵抗  │
│  圧力水準 │                   └──────────────┘    │唱導方向とは  │
└─────────┘                                          │逆の態度変化  │
┌─────────┐                                          │(ブーメラン効果)│
│ 状況     │                                          └──────────────┘
│  思考妨害 │
│  事前予告 │
│  免疫接種 │
└─────────┘
```

図10－3　説得過程の規定要因（池上，1998）

憑性（credibility）が影響する。この信憑性には専門性（expertise）と信頼性（trustworthiness）の2側面がある。専門性は，正確な知識をどの程度もっているのかということ。信頼性とは，情報を正しく伝達する信頼できる人であるということである。

ホヴランドとワイス（Hovland & Weiss, 1951）は，大学生の被験者を2群に分け，同じ内容のコミュニケーションを，一方には信憑性の高い送り手（たとえば医学雑誌）からのもの，他方には信憑性の低い送り手（たとえば大衆誌）からのものとして伝えた。実験に用いた話題と送り手は表10－1のとおりである。

実験では，抗ヒスタミン剤の使用（薬の販売における医師の処方の必要性）や映画館の将来（テレビの影響による映画館の減少）についてなど，4つの話題が使われた（表10－1）。その結果，信憑性の高い送り手から伝えられた場合には被験者の23％が唱導方向に意見を変化させたのに対し，信憑性の低い送り手から伝えられた場合には7％が意見を変化させたにすぎなかった。これらの結果から，同じ内容のコミュニケーションでは，送り手の信憑性の高い方が信憑性の低い方よりも説得効果に影響を与えることが示された。

次に，説得的コミュニケーションによる態度変容は，時間の経過によってど

表10−1　4つの話題と2種の送り手（Hovland & Weiss, 1951）

話題	信憑性の高い送り手	信憑性の低い送り手
A．抗ヒスタミン剤：抗ヒスタミン剤は引き続いて，医師の処方なしで販売されるべきか。	ニューイングランド生物学医学雑誌	雑誌A〔大衆月刊絵入り雑誌〕
B．原子力潜水艦：現在，実用的な原子力潜水艦を建造することができるか。	オッペンハイマー，R. J.	プラウダ紙
C．鉄鋼の不足：鉄鋼工業は，現在の鉄鋼不足に関して非難されるべきか。	国家資源計画局彙報	筆者A〔反労働，反ニューディール「右翼」新聞時評欄寄稿家〕
D．映画館の将来：テレビの影響で，1955年までには，映画館の数が減少するであろうか。	フォーチュン誌	筆者B〔婦人映画ゴシップ寄稿家〕

のように変化するのかを考えてみよう。

スリーパー効果

　誰が言っていたのかは忘れたが，こんな事をどこかで読んだことがある，ということがよくあるのではないだろうか。つまりわれわれは，誰が言ったかは忘れても，どんな内容の話であったかは結構記憶しているということである。こうしたことは，どのように説明できるのだろうか。

　一般に，説得的コミュニケーションの効果は，説得の直後が最大で，時間経過とともに次第に減少していくと考えられる。ところが，説得の直後にはあまり効果が見られなかったにもかかわらず，時間の経過とともに説得の効果が現れる場合がある。この現象をスリーパー効果（sleeper effect）とよぶ。スリーパー効果は，本来の効果が時間的に遅れて発揮されるという意味である。

　ホヴランドらの実験結果を示したものが，図10−4である。コミュニケーションの提示から4週間後に再び調査したところ，高い信憑性の群では唱導方向への意見変化の出現率が減少し，信憑性の低い群では唱導方向への意見変化の

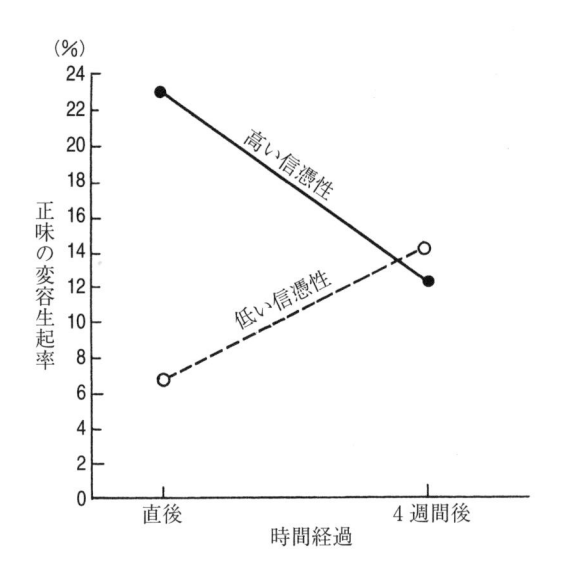

図10−4　スリーパー効果（Hovland & Weiss, 1951）

出現率が増加した。この理由として，説得直後には誰がメッセージを送ったかが重要で，信頼できる送り手からは肯定的な影響が，信頼できない送り手からは否定的な影響が生み出されたが，時間の経過とともに誰から送られたかは忘れられて，信憑性の高い送り手の肯定的な影響が減少し，信憑性の低い送り手からの否定的な影響は消えて説得の効果が増す，と考えられる。

2　メッセージの要因

1）一面呈示と両面呈示

　説得するとき，賛成論だけを示すのと反対論を含めて説得するのとどちらの方により効果があるのだろうか。説得方向に対して賛成論のみ呈示して説得することを一面呈示（one-sided presentation）といい，賛成論だけでなく反対論も含めて呈示し，説得することを両面呈示（two-sided presentation）という。

　第2次世界大戦が終わりに近づいたとき，アメリカ兵の中で「日本はもうすぐ降伏するに違いない」という噂が流れ，士気が低下してきた。そこで，ホブランドらは，日本との戦争は長引くという説得的コミュニケーションを出し，

士気を高める実験をした。このとき一面呈示は，日本人は大和魂を持っているので最後のひとりまで戦うといった，戦争が長引くという方向の内容だけだった。一方，両面呈示では，日本軍が相当のダメージを受けているので早く終わるかもしれないという現実の可能性も付け加えた。その結果，その人が先にもっていた態度が説得的コミュニケーションによる唱導方向と同じ場合には一面呈示が，唱導方向と反対の場合には両面呈示が効果的であった。

　一面呈示よりも両面呈示が有効であるのは，受け手の教育水準が高い場合や受け手の初期態度が説得的コミュニケーションの唱導方向と逆の場合，受け手が説得話題に関する知識や情報をたくさんもっている場合などである。

2）情緒的アピール

　情緒的アピールは，トピックに対する相手の感情（たとえば愛，恐怖，快適など）に訴えるものである。たとえば，コマーシャルにも応用されており，ダイエット関連商品のコマーシャルにスタイルのよい人がでるというのもひとつの例である。ここでは情緒的アピールの代表的な例として，恐怖喚起について説明する。

　メッセージによって受け手に恐怖心を起こさせるというような，感情に訴える（情緒的）方法も説得効果があると考えられる。たとえば，交通事故の凄惨な映像を免許書き替えの時に見せられると，安全運転をしようと思う。しかし，恐怖が強すぎると，説得の効果が低減することがある。

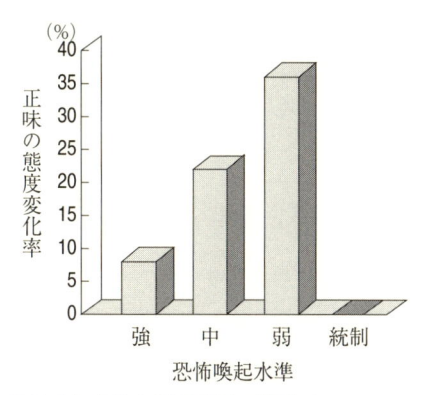

図10-5　恐怖喚起水準と説得効果の関係（Janis & Feshbach, 1953）

ジャニスとフェッシュバック (Janis & Feshbach, 1953) は，虫歯予防のための口腔衛生について注意するよう講義し，虫歯のスライドにより3段階の恐怖喚起を設定した。態度変化をした比率を調べた結果，恐怖が強すぎると受け手は回避的になり，効果が低減した（図10-5）。

これは，あまり強い恐怖を起こす説得的コミュニケーションを与えられると，送り手がどのような意図を持って説得しているのかに疑問を持ち，自己防衛的になって説得を拒んだと考えられる。その後の研究では，喚起された恐怖の程度が強いほど説得効果が高まる傾向が多く見られた。そのため現在では，受け手がメッセージの送り手の意図に疑念を抱かないときには喚起された恐怖の程度が強いほど説得効果は大きくなると考えられている。

以上の一面・両面や情緒的アピールの他にも，結論の呈示方法として結論を明確に示す結論明示と結論をはっきり示さず受け手に任せる結論保留などがある。

3　受け手の要因

お父さんに自分が欲しいモノを買ってもらうとき，機嫌のいい時をねらって頼むことはあっても，機嫌の悪いときにわざわざ頼む人はいないだろう。メッセージを受けたときの受け手の感情状態が説得効果に関連することが知られており，気分の良いときは情報を処理する度合が低下し，送り手の周辺的手がかりで内容を確認せずにそのまま受け入れる傾向が見られる（Mackie & Worth, 1989）。

また，説得されやすいパーソナリティ要因としては，自尊心の低い人や他者志向性の高い人，社会的に孤立している人などがあげられる。

3．説得の過程

人はどのような過程を経て説得されるのだろうか。ここでは説得的コミュニケーションが受け手に引き起こす態度変容過程として代表的な考え方である精緻化見込みモデル（elaboration likelihood model）を紹介する。

精緻化見込みモデル

ペティとカシオッポ（Petty & Cacioppo, 1986）は，説得的コミュニケーションの情報内容についてどれほど考える（精緻化）見込みがあるかによって説得の過程が異なると考えた。精緻化見込みモデルでは，中心的ルートと周辺的ルートという2つのルートがある。中心的ルートは，説得的メッセージの議論の本質についてよく考えた末，態度変化の方向が決まるというものである。たとえば選挙で投票する場合を考えてみよう。政党ごとの，さまざまな問題に対する政策や方針をしっかり検討して，自分がどの政党に投票するかを決めるのは

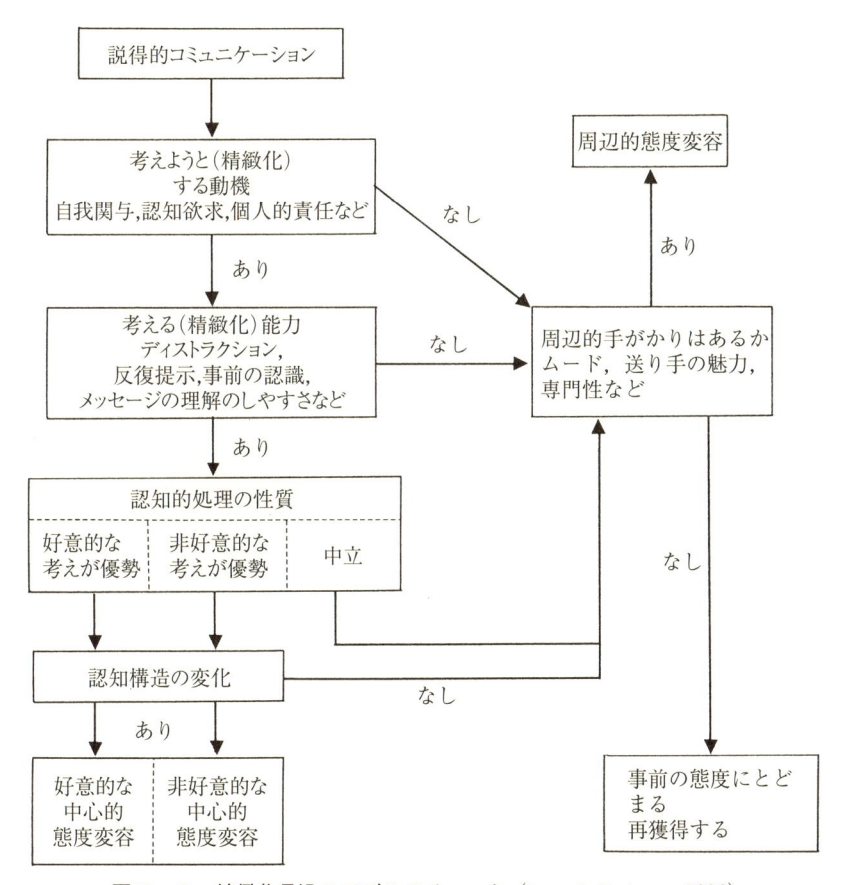

図10-6　精緻化見込みモデルのチャート（Petty & Cacioppo, 1986）

中心的ルートである。

　周辺的ルートは，説得的メッセージの議論の本質についてあまり考えず，本質と関係のない要因に影響されるというものである。選挙での投票例でいうと，どの党がどんな政策や方針を持っているかは知らず関心もないが，書きやすい名前だからとか，テレビで見たことがあるタレントであるからという理由で投票するのは周辺的ルートである。メッセージの情報を処理しようとする動機と処理する能力が高ければ精緻化可能性が高くなり，説得的コミュニケーションの情報が肯定的評価であれば，説得方向へ中心的ルートによる態度変化が生じる。否定的評価であれば変化は生じない。この場合，内容について積極的な情報処理を行うので，論拠の強いメッセージの方が説得効果をもつ。一方，動機と能力の両方もしくは片方が低い場合には精緻化可能性が高まらず，周辺ルートによる態度変化が生じる（図10－6）。この場合，論拠の強弱は態度変化にあまり影響しない。

4．説得への抵抗

　説得は必ずうまくいくとは限らず，説得効果があがらなかったり逆効果になることもある。このように，説得しようとする方向と逆の方向に態度を変化させてしまうことをブーメラン効果（boomerang effect）と呼ぶ。

　説得への抵抗についてはさまざまな考え方がある。ここではコミットメント（commitment），接種理論（inoculation theory），心理的リアクタンス理論（psychological reactance theory）について説明する。

1　コミットメント

　「ダイエットをするので甘いものは食べない」と友人の前でいってしまうと，その表明したことばに束縛されて変更する（甘いものを食べる）ことに抵抗を感じる。このように，いったん言葉に出してそれに束縛されることをコミットメントという。コミットメントをもった態度や行動を変更することには抵抗があるので，説得に抵抗する場合には，説得されることに対して説得方向と逆の立場を人前で公言しておくことが有効である。

2　接種理論

　生物学的な免疫機能と予防接種の考えに基づき，説得への抵抗を考えてみよう。

　説得への抵抗から考えると，情報に対する免疫（たとえば強い反対論議への抵抗力）があれば，態度は変わりにくくなると考えられる。マクガイアら(McGuire et al., 1961) によると，「自明の理」として疑問の余地なく広く受け入れられていることがらは，それを支持する意見を先に読んでおくより，それに対する反論とその反論を論破する意見を読んでおく方が，その説に反対する説得に抵抗できる，という。

3　心理的リアクタンス理論

　私たちは「してはいけない」といわれると，ついやってみたいと思ってしまう。また，勉強しようと思っているときに「勉強しなさい」といわれると，思わず反発してしまう。この現象はどのように説明できるだろうか。心理的リアクタンスとは，個人が特定の自由を侵害されたときに喚起される，自由回復を志向した動機的状態である。人は態度や行動を自由に選択できると考えているが，他者からの説得や圧力により自由を脅かされたり制限されると，反発して自由を守るために，反対のことをしたり禁止されていることを実行する。心理的リアクタンスの強度に影響する要因としては，侵害される自由の重要性や脅威の程度があげられる。つまり侵害される自由が個人にとって重要であればあるほど，強制や禁止の圧力の大きいほど，心理的リアクタンスも増大する。

5．説得のテクニック

　私たちが人に何かを頼んだり説得したりするとき，頼み方次第で相手を納得させられることが多い。たとえばモノを買うときに値引きの交渉をする場合や，人に商品を売る場合などである。その場合にどのような要請の仕方があるだろうか。以下に，説得するための4つのテクニックを紹介する（図10－7）。

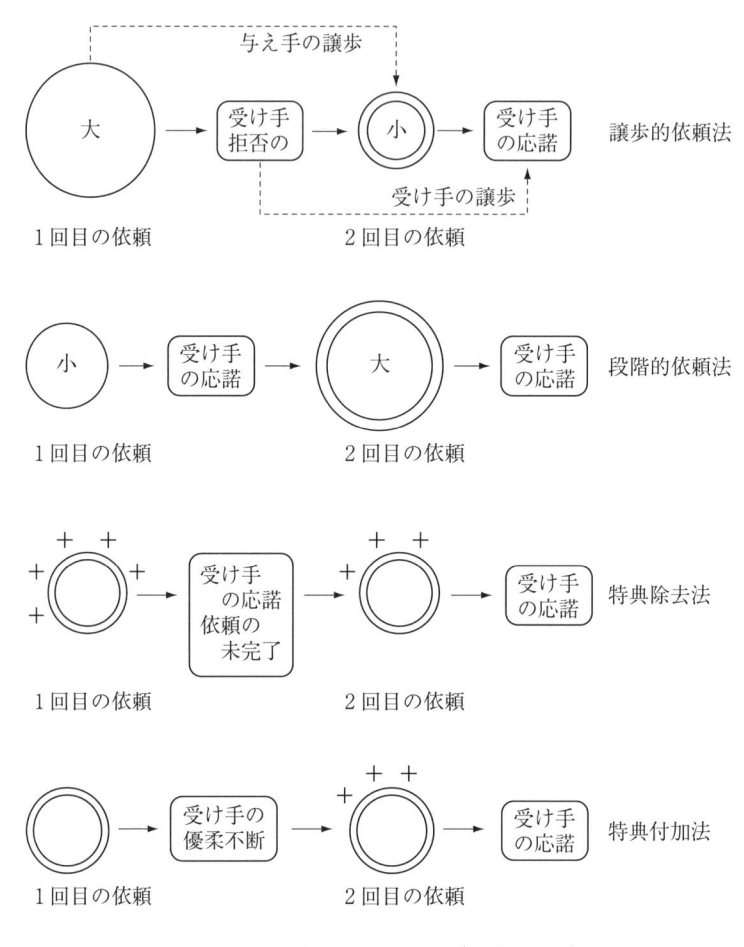

図10-7　説得のテクニック（今井, 1996）

1　譲歩的依頼法（ドア・イン・ザ・フェース・テクニック）

　モノを買うとき値切るのが当たり前，と思っている人も結構いるだろう。値切り方にもいろいろあるだろうが，はじめに相手がとうてい受け入れられないほど安い金額を言い，拒否させた後で本来自分が考えていた金額を言って相手に受け入れさせる，という方法がある。このように，まず誰もが拒否するような大きな依頼をしてわざと拒否させた後，目的とする要求に変えて依頼すると

いうのが，譲歩的依頼法と呼ばれる技法である。

このような現象が生じる理由として，受け手からすると相手が依頼を引っ込めるのは譲歩であり，今度は自分が譲歩せざるを得ない気持ちになるから，という譲歩の返報性が考えられる。

買う方に限らず，売りたいときや寄付活動などに使われることも多い。はじめに高額の商品を買って欲しいと依頼し，それが拒否されたら比較的買いやすい金額の商品を買わせるといったことである。

この技法では，同一人物が要請を出す方がより効果的で，2つの要請の時間間隔が短くなければ効果は少ない。

2　段階的依頼法（フット・イン・ザ・ドア・テクニック）

町でアンケート調査に協力してほしいと声をかけられ，いったん応じたら英会話教材を高く売りつけられてしまった，という話を聞いたことはないだろうか。このように，最初は誰もが受け入れてくれそうな小さな要求をしておいた後，目的とする大きな要求を出すというものである。はじめの依頼を応諾しているので，次の依頼にも応諾せざるを得なくなってしまう。

このような現象が生じる理由として，最初に小さな依頼を受け入れたことにより，自分は他の人から頼まれればそれに応じやすいタイプであるという自己の認知が生じる。はじめの依頼に対する認知の一貫性が，続く依頼にも反応すると考えられる。この技法では，はじめの依頼と次の依頼の時間間隔が2週間程度あっても，前に頼まれたことを覚えていれば効果がある。

3　特典除去法（ローボール・テクニック）

一度気に入って買うと言ってしまったら，それが思ったほどよい条件でないということがわかっても，買わないとは言いにくくなってしまうことはないだろうか。

たとえば車のセールスで，はじめに値引きに加えてカーナビをつけるといっておきながら，後で値引きはできるがカーナビは無理だといわれる，といったことがある。そのとき，条件が変わっても人はなかなか断ることができなくなってしまう。このように，魅力的な選択肢を用意しておき，それを受け入れさ

せた後，何らかの理由を付けてその魅力的な側面を取り除いた後でもう一度選択させるという技法を特典除去法という。ローボール・テクニックというのは，受け手が取りやすい低いボールを投げることを意味し，受け入れやすい条件をはじめに出すということである。

なぜ，はじめの条件と違うのに受け入れてしまうのだろうか。これは，一度受け入れてしまったことは拒否すると一貫性を欠くので，条件が悪くなってもあとで拒否しにくくなってしまう，と考えられる。

4　特典付加法（ザッツ・ノット・オール・テクニック）

マンションの購入を考えている人がモデルルームに行った。ところが，予定していた金額よりも高いので，どうしようか迷っている。そんなとき，「早くしないと残り少ないので売り切れてしまう」という情報とともに「今ならこの部屋にある家具一式をすべてつける」といわれて思わず買ってしまったという。考えていたモノに良い条件がプラスされることで，迷いが決定に変わるということである。これは，特典をつけたり値引きしたりして，受け手にとって望ましい状況をつくりだすという特典付加法という技法である。デパートの地下で閉店間際に値引きをしてもらえるので買ってしまったり，テレビショッピングで買いたい商品の他に今ならおまけの景品がつくので買ってしまった，というのもこれにあたる。

受け入れてしまう理由について考えてみよう。ひとつは，特典をつけてくれて得をした，と感じて買ってしまうということである。もう一つは，相手がサービスしてくれたのだから，自分も相手が勧めるモノを買う，という返報性からと考えられる。

6．面接場面での説得

面接というのも，相手を説得するコミュニケーションのひとつである。ここではベンジャミン（Benjamin, 1986）による面接の原則と採用面接での注意点について見ていこう。

1　面接の一般的原則

面接には以下のような5つの一般原則がある。

①面接はフォーマルなコミュニケーションである：友人との会話は自由で広範囲な話題を扱う。しかし，面接では通常の会話と異なり，より構造化され，狭い範囲の話題を扱う。

②面接は相互作用である：相互作用とは，面接において両者が質疑応答することを意味し，雇用者が応募者に質問するだけでなく，応募者が雇用者に仕事の内容を質問することもある。また，相互作用はバーバルとノンバーバル次元の両方に関与しなければならないことを意味している。つまり，対面での面接でバーバルとノンバーバルの両メッセージに敏感でなくてはならない。

③面接は二組の当事者が関係する：面接は，質問する面接者側と質問に反応する応答者である被面接者からなる。面接は常に二人だけとは限らず，ニュース面接の場合は面接者が多数になることもある。

④面接の当事者は重要な目的を追跡する：通常の面接は，情報や意見の収集や提供に関係しているが，販売のための面接や治療のための面接もある。どのようなかたちをとっても，面接者と被面接者は重要な目的や目標を追跡するために相互作用を用いる。

⑤面接は質疑応答によってなされる：面接には多くのタイプの質問がある。たとえば，オープン質問は広範囲の反応を可能にするために計画されたもので，討議のテーマに対する被面接者の意見を得るために用いられる。クローズド質問は，限定された範囲の反応を求め，質問に対する具体的な回答を得るために用いられる。

2　採用面接

採用面接では，一般に応募者が書類で自分を紹介し，履歴書を使う。その後，口頭による面接で自分を紹介する。ここでは口頭面接での幾つかの注意点を述べる。

①自分の背景と外観の振り返り：面接をはじめる前に，自分の背景と外観を振り返っておくのがよい。重要な情報リストを入れた個人ファイルを備え，それに目を通して準備しておく。

②身体的な準備：雇用主は従業員に対して保守的な外観を好む。適切な髪型と服装は、だらしなく過度にくだけた外観よりも好ましい印象を与える。

③十分な休養：面接前に十分な休養をとって、面接では頭がはっきりしていることが重要である。注意散漫は面接での成功の機会を台無しにする。

④十分な時間の余裕：面接当日は時間に余裕をもち、不測の事態に備える必要がある。少し早めに面接場に着き、自分がそこにいることが面接者にわかればよい。

⑤最初の数分間が勝負：第一印象は雇用主の採用決定にきわめて強い影響力をもっている。したがって、最初の決定的数分間に注意を集中し、落ち着いているのがよい。

⑥ノンバーバル行動の活用：面接中は言葉だけでなく、言葉以外の行動も重要である。質問したり答えたりするとき、面接者を直接見ることを忘れてはいけない。

⑦ゆったりとした立ち居振る舞い：極端に固く落ち着きがなかったりするのは避けたほうがよい。また、だらけた姿勢をしたり、イスを回転させたりゆすったりすることも好ましくない。

⑧自分の名前を面接者に効果的に伝える：多数の被面接者の一人であることを念頭に置き、自分の名前を効果的に伝えることで面接者に印象付けられる。

⑨面接中の間違いは確実に訂正する：出身校の間違いなど、面接中に間違いがあれば丁寧に訂正する。それが純粋に誤りであれば正しい情報を相手に与えることになり、用心深さのテストのための計画的な誤りであれば注意深い人間であることを示せる。

⑩答えを明瞭、簡潔、かつ応答的にする：質問に対する答えは明瞭に簡潔に、かつ応答的にしなければならない。

⑪ポジティブな印象をあたえる：質問に答えるときに、ポジティブな印象をあたえるように心掛ける。ウソはダメだが、好ましい印象を形成するような情報を提供することはできる。

⑫面接者に対する質問を準備する：仕事に関連する情報を得るための質問の準備をしなければならない。入社前に、期待される業務内容を確認したり、採用条件について知っておかないといけない。

⑬質問時，丁寧に表現する：質問するとき，好奇心が強く情熱的な人間であると見られたいが，不誠実で図々しい人間だとは見られたくない。退職制度や残業手当についての，あまりに多量かつ詳細な質問は嫌われるかもしれない。

面接におけるコミュニケーションでは，自分が精神的に成熟していて責任感が強く，専門的な知識をもった人間であるということを示すために，言葉と言葉以外の両方を使ってできる限りのことをする必要がある。

11章
IT革命とコミュニケーション

　情報技術が飛躍的に発達し，私たちの生活にも大きく浸透している。今や若者にとって携帯電話はサイフの次に重要なものとなり，インターネットは情報収集に欠かせないものとなっている。こうしたIT（情報技術）の普及は私たちの生活にどのような影響を与えているのだろうか。ここでは，人－機械－人のコミュニケーションのなかで，特に私たちに身近な携帯電話とインターネットを取り上げ，その影響について検討した後，若者のコミュニケーションの特徴とその問題点について考えてみよう

1．ITの現状

1　携帯電話とインターネットの普及状況

　平成13年度国民生活白書によると，1999年度に移動電話の加入数は固定電話の加入数を上回り，その差はさらに広がっている。

　特に若年層におけるIT化が進み，「単身世帯の耐久消費財の普及状況に関する調査」（内閣府，2002）では，20代（学生を除く）の携帯電話普及率は94.9%，パソコン普及率は50.2%となり，若年層の携帯電話普及率は冷蔵庫（91.7%）を上回り，テレビ（97.7%）に迫る水準である。また，インターネットの普及率は，99年から2000年にかけて15ポイント上昇し，34%に達している。

2. メディア・コミュニケーション

1 メディア・コミュニケーションとは

コミュニケーション技術の発達によって対面でなくとも何らかのメディアを介してコミュニケーションがとれるようになった。現在では，電話，テレビ，コンピュータなどさまざまなメディアが出現している。人－機械－人のコミュニケーション，つまりメディアを介したコミュニケーションを，ここではメディア・コミュニケーションと呼ぶ。

それでは，メディア・コミュニケーションは対面的コミュニケーションとどのような違いがあるのだろうか。その特徴と私たちへの影響を見てみよう。

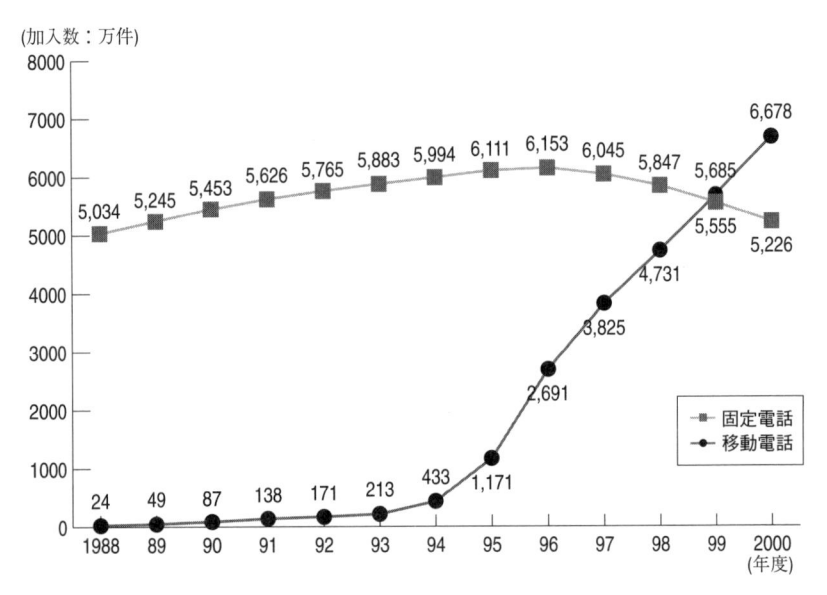

(加入数：万件)

年度	固定電話	移動電話
1988	5,034	24
89	5,245	49
90	5,453	87
91	5,626	138
92	5,765	171
93	5,883	213
94	5,994	433
95	6,111	1,171
96	6,153	2,691
97	6,045	3,825
98	5,847	4,731
99	5,685	5,555
2000	5,226	6,678

(備考) 1. 総務省資料により作成。
2. 固定電話にはISDNを含まない。
3. 移動電話は携帯電話とPHSの合計。
4. 値は各年度末値。

図11－1　固定電話と移動電話の加入数の変化（内閣府，2002）

2 メディア・コミュニケーションの特徴

メディア・コミュニケーションには対面的コミュニケーションと異なる特徴がある。飯塚（1993）は，伝達技術の変遷を距離・対象・時間の拡大という3つの観点から分類している。

対面的コミュニケーションでは，同じ時間に同じ場所に限られた人を対象にコミュニケーションをすることしかできないが，同じ時間にいなくても場所が離れていても多くの人が相手でもコミュニケーションができるようになった。

松尾（1999）は，距離の拡大，対象の拡大，時間の拡大を，制約の解放と言いかえている。対面的コミュニケーションの同じ時間，同じ場所，限られた人でないといけないといった制約を，メディアを利用することにより解放する。たとえば，遠くて会いにいけないので電話ですます（距離の制約の解放），相手が出かけているのでFAXをする（時間の制約の解放），多くの人に知らせたいのでマスコミを利用する（対象の制約の解放），などである。

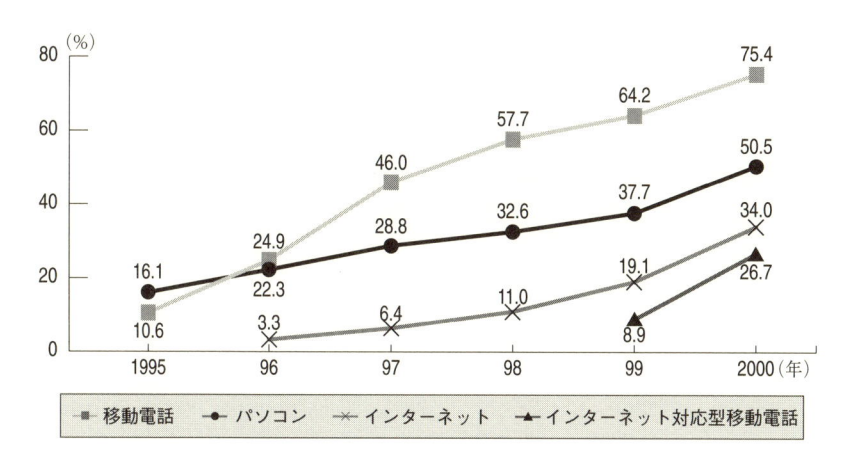

（備考）1．総務省「通信利用動向調査」により作成。
　　　 2．回答世帯は全国の20歳以上の世帯主がいる世帯。
　　　 3．移動電話は携帯電話のみの数値であり，PHSを含まない。

図11－2　移動電話，インターネット等の世帯普及率（内閣府，2002）

3 メディア・コミュニケーションの影響

宮田（1993）は，情報環境の変化によるコミュニケーションの変化が心理的にどのような影響を与えているのかを示した。

たとえば，マスメディアによる一方向的な情報発信から，双方向に情報発信できるようになった。そのことにより，私たちはコントロール感を増大させ，熱中感覚を増すようになった。自分の思うとおりに動かせるということで，熱中してやる気もでてくるということである。情報の種類や量が増大することにより，知識は増大したが，同時に時間的切迫感を生むこととなる。コンピュータによる擬似環境の創出は間接体験を増やすことになるが，同時に現実と虚構の混同を引き起こす危険性をもつ。このように，情報環境の変化はコミュニケーションの変化をもたらし，その結果としてさまざまなことがらに，プラスばかりでなくマイナスも含めた影響を与えるのである。

表11－1 メディアの分類（飯塚，1993）

距離	空間系	身ぶり，会話，太鼓，かね，のろし，手旗，腕木通信，映画
	輸送系	印刷物，郵便物，オーディオソフト，ビデオソフト
	電気通信系	電信，電話，ファクシミリ，ラジオ，テレビ
対象	パーソナル系	身ぶり，会話，写真，郵便物，電話，電信，ファクシミリ
	グループ系	太鼓，かね，のろし，手旗，腕木通信，説教，演説，会議
	マス系	印刷物，映画，オーディオソフト，ビデオソフト，ラジオ，テレビ
時間	音声系	物語，オーディオソフト，電話録音，ボイスメール
	文字・図形系	石碑，印刷物，郵便物，電信，ファクシミリ，電子メール
	画像・映像系	壁画，絵画，写真，映画，ビデオソフト

表11－2 各種メディアの制約の解放（松尾，1999）

メディアの種類	チャネル	距離の制約	時間の制約	対象の制約	即時性	記録性
対面	多様	×	×	×	○	×
手紙	文字・図形	○	○	×	×	○
電話	音声	○	×	×	○	×
留守番電話	音声	○	○	×	×	△
FAX	文字・図形	○	○	×	×	○
携帯電話	音声	○	×	×	◎	×
TV電話	音声・映像	○	×	×	○	×
コンピュータ	多様	○	○	○	○	◎

表11-3　電子メディアの情報環境におけるコミュニケーションの変化と心理的影響
(宮田, 1993を一部改変；松尾, 1999より)

情報環境の変化	コミュニケーションの変化	心理的影響
双方向性	主体的能動的コミュニケーション 情報発信	コントロール感の増大 過度の一体感 熱中感覚 やる気
時間的・空間的制約からの解放	コミュニケーションの随時性・速報性 どこからでもできるコミュニケーション	
個別化	パーソナル化 脱役割性 匿名性	対人関係のあり方 社会的発達
ネットワーク化	コミュニケーションネットワークの拡大	
情報の種類と量の増大	情報処理の負荷の増大 コミュニケーションの効率化	知識の増大, 創造性 時間的切迫感, 二者択一的見方 ストレス, 抑うつ症状
疑似環境の創出	間接体験の増大 間接体験の早期化	現実と虚構の混同 現実認識の弱体化 ステレオタイプ的知識の助長
情報の視覚化	受信情報の視覚化 発信情報の視覚化	理解の促進, 空間知覚の向上 攻撃性の増大, 道徳性の低下

3. 電話によるコミュニケーション

1　電話と親密性

1）利用形態

　吉井（1993）は，電話の利用形態を人間の欲求レベルに対応させて，安全（確保）連絡，利便性（用件連絡），精神的カタルシス，擬似環境の4つに分類している。安全連絡は，事故や災害時の安否連絡などである。利便性は，手紙や対面による連絡を電話で済ますということ。精神的カタルシスは，いわゆる

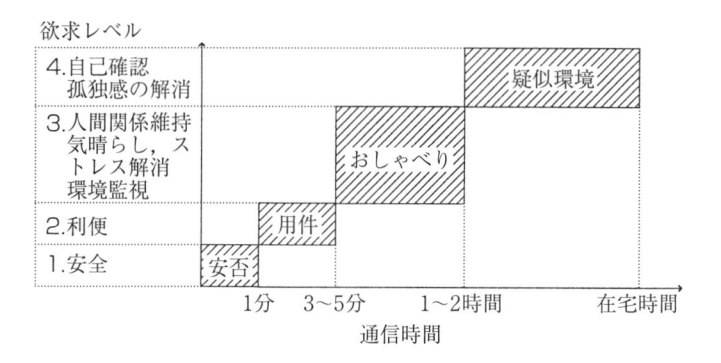

図11−3　電話利用の4段階（吉井，1993）

おしゃべりである。擬似環境は，おしゃべりよりも心理的距離が近く，ながら電話の形態をとる。ながら電話は，相手と同じ空間を共有したいという欲求を実現するための利用である。

通話時間との関係で見ると，安否はもっとも短く，用件は数分，おしゃべりはそれより長く，擬似環境はテレビや雑誌を見ながら，あるいはトイレに行ったりしながら電話をしている場合で，相手の部屋にいるような感覚である。

2）親密性の効果

電話が親密なコミュニケーションを可能とするメディアであることに疑いはないだろう。中村（2000）は，親密性に関して以下の点をあげている。第一に，電話機では相手が耳元でささやく形になり親密感が生まれやすいこと。第二に，面と向かって話しにくいことでも電話なら話しやすい，ということである。たとえば，性に関するような当惑的話では，対面条件より非対面条件の方が発話量が多い（飯塚，1985）。個人的なことや話しにくいことは，直接顔が見えないほうが恥ずかしさが薄れると考えられる。

物理的には離れた人とコミュニケーションを取ることが可能となり，電話を利用して心理的距離が近い人と新たにコミュニティを形成することになる。アロンソン（Aronson, 1971）は，電話による心理的近隣（psychological neighborhood）が形成されるとしている。これは，電話を通じて相互作用する，地域を超えた親密なネットワークである。

吉井（1993）は，電話で結びつけられている社会集団を親密度のレベルによって3つに分類できるとしている。ひとつはよく電話をかけかつ普段会っている相手で，心理的には家族ととれるほど親密度が高い（心理的家族）。次に，よく電話をかけるが普段会っていない相手で，アロンソンの心理的近隣に相当する。3つ目は，ときどき電話をするだけでほとんど会わない相手で，より弱く結合した社会集団である（心理的コミュニティ）。

　渡辺（1989）は，自分と相手がどれほど物理的・社会的距離をもっていても，それを超越して親しい対等な人間として同時に存在するという虚構を作り出せることが電話的な関係を象徴するものであり，現代的な人間関係の特徴である，としている。

　それでは次に，私たちは携帯電話によってどのような影響を受けているのかについて考えてみよう。

2　携帯電話と人間関係
1）携帯電話の影響

　中村（1997）は，携帯電話の人間関係・日常生活への影響を，影響レベルと影響メカニズムによって整理している。影響レベルは意識面，行動面，関係性，規範の各レベルに分けており，影響のメカニズムは，携帯電話のどのような特徴が影響を引き起こすかで簡便化，直接化，常態化，その他の4つに分けている。簡便化とは，いつも持っているため，電話のある場所まで行かずに簡単に電話できるということ。直接化とは，携帯は個人の専用電話で，直接本人と話ができるということ。常態化とは，固定電話のないところや移動中にでも電話ができ，いつでも気兼ねなく電話ができるということである。その他の特徴は時計機能やメモリー機能などである。

　橋元ら（2000）によって行われた首都圏調査から，回答率の比較的高かったものを紹介する。まず，意識レベルでの影響については，直接化の影響では，「携帯電話・PHSを持っている人に連絡できるので，相手の家族や職場を気にしなくてよくなった」（67.0％），「携帯電話・PHSでは自分の居場所が知られないので便利なときがある」（42.4％）などの感覚である。常態化では「いつでも連絡がとれるという安心感がもてるようになった」（81.9％）という安心

表11-4 携帯電話の人間関係・日常生活への影響（中村，1997）

影響レベル	簡便化	影響メカニズム 直接化	常態化	その他
意識面		<u>直接意識</u> <u>場所不明感覚</u>	<u>連帯意識</u> ストレスの増減 束縛感　自由感 <u>連絡可能安心感</u>	<u>電話のファッション化</u> （着メロ、ストラップ）
行動面	<u>通話増大</u> 固定電話の減少 カエルコールの促進	通話・交際の深夜化 会合増大 仕事プライベートの境界曖昧化 小さな用件でも連絡	行動の効率化 計画の直前決定	<u>手帳・時計の代替</u>
関係性		P友 家族の個別化	フルタイム・インティメート・コミュニティー 家族結束強化 リモートマザリング	携帯伝言ダイヤル 通信相手の選別
規範	電話挨拶の省略 番号公開の制限		<u>利用場所制限</u>	<u>番号公開の積極化</u>

注）下線は4割以上、文字囲みは5割以上の回答率

感,「よく携帯電話・PHS で話す相手とは, いつでもつながりあっているという安心感がある」(51.4%) という連帯意識を与えていた。また, 常時連絡可能性は「連絡がつかずいらいらすることが少なくなった」(73.5%) というストレスの減少を示していた。

次に行動レベルでの影響については, 直接化の影響では「電話をかける回数が増え」(47.3%),「小さな用件でも連絡することが多くなった」(57.2%) などの影響が見られた。常態化では,「時間が有効に使えるようになった」(57.8%) という人が多く, その他では「ダイヤル登録をアドレス帳代わりにしている」(68.7%) 人が多かった。

関係性への影響については, 特に強い影響は見られなかったが, 社会規範の形成については, 公共の場における利用制限が進み, マナー行動が浸透してきたことを示していた。

2) 通信の相手

ところで, 携帯電話を含むメディアで誰とコミュニケーションをとっているのかについての調査結果がある。中村は, 首都圏調査の中で携帯電話 (PHS 含む) など各メディアの通信相手を調べた。

その結果, 電話と比較して携帯電話では友人に特化した使われ方をしており, 日常的に会う相手も67.1%と3分の2を超えていた。また, 住居が1時間以内の近い人の割合も63.6%と, 他のメディアより比率が多かった。携帯電話は, 近隣で日常的によく会う友人との間で利用されていることを示している。一方, 電子メールでは, 電話等と比較して, 日常的にあまり会わない遠くに住む人との間で利用されていることを示していた。

表11-5　各メディアの通信相手の特徴 (橋本ら, 2000)

利用メディア	家族	友人	親族	恋人	他	電話	移動	FAX	Eメール	会う	住居近	N=
全体	13.0	64.0	12.9	3.2	6.9	73.7	44.4	6.5	13.5	55.8	57.4	3077
電話	14.7	61.0	16.0	2.7	5.7	100	—	—	—	56.7	58.3	2268
移動電話	10.0	73.3	5.3	6.4	5.1		100			67.1	63.6	1366
FAX	13.1	60.1	13.6	1.0	11.4	—	—	100	—	50.0	49.8	199
電子メール	4.4	73.4	5.6	2.9	13.8	—	—	—	100	34.7	36.2	413

また，若者の通信メディア相手との関係で最も多かったのは，携帯電話＋固定電話＋対面接触の組み合わせで，次に携帯電話＋対面接触，固定電話＋対面接触の組み合わせとなっており，携帯電話は日常的に対面接触する人との間で利用されていた。このように，私たちが電話や携帯電話で接する人間関係は，基本的に対面接触によって作られた人間関係によるということである。

3）フルタイム・インティメート・コミュニティ

　携帯電話は固定電話や対面接触とともに行われることが多いが，日常的に会っている人と頻繁に連絡をとって心理的に24時間いっしょにいるような気持ちになる関係性を，フルタイム・インティメート・コミュニティと呼ぶ（中島ら，1999）。

　中村（2000）は，①日常的に会うか会わないか，②おしゃべり電話をする（親密）か用件電話のみの関係か，という2つの軸で，電話上の人間関係を分類している。

　まず日常的に会い，おしゃべり電話をする関係は心理的家族が該当し，フルタイム・インティメート・コミュニティもここに入ると考える。次に日常的に会わないが，おしゃべり電話をするというのは，心理的近隣が該当する。これら2つは，日常的に会うか会わないかの違いはあるものの，電話上での親密な関係が存在するので，電話コミュニティとする。また，日常的に会うが用件電話のみの関係は対面中心のコミュニティといえる。そして，日常的に会わず，用件電話のみの関係は，親しくない姻戚などの家事の相手が該当している。

　携帯電話による人間関係は，こうした区分で言うと，フルタイム・インティメート・コミュニティにあたる心理的家族を作り出しているともいえるだろう。また，心理的近隣には，日常は会わない親族や家族が高い割合を占める傾向に

表11－6　私的電話ネットワーク（電話上の人間関係）（中村，2000）

	日常的に会う	日常的に会わない	
おしゃべり電話をする（親密）	Ⅰ　心理的家族（フルタイム・インティメート・コミュニティ）	Ⅱ　心理的近隣メディア・コミュニティ	→電話コミュニティ
用件電話のみ	Ⅲ　対面中心のコミュニティ	Ⅳ　家事の相手	

あり，昔の友人も含めると，電話が距離を超越するがゆえに地縁・血縁から離れた新たなコミュニティを形成するとは一概に言えないようである。

4）人間関係の簡略化：過剰負荷環境への順応

携帯電話は人間関係を簡略化するのに便利なツールである。たとえば，話したくない相手には理由をつけて早く切ることもできるし，ややこしい用件を簡単に終わらせることもできる。また，愛想笑いをする必要もなく，対面しているときほど気づかいもしないですむ。さらに，応答したくないときには意図的に留守番電話にすることもできる。こうしたことは，現代人が情報の過剰負荷環境に対してとる順応手段と考えられる。

ミルグラム（Milgram, 1970）によると，人は情報があまりにも多く入ってくるとそれに対処できなくなってしまう。そこで私たちは対処できなくなる前に対策を立て，自分の情報処理能力に見合った範囲で生活できるよう情報の入力を制限したり，自分にとって重要なものだけを選択し，それ以外は入力せずに捨てて対処する。誰からの電話であるのかを確認したうえで出なかったりすることや，気乗りのしない用件を理由をつけて早く終わらせるという対処法は，過剰負荷環境への順応とも言える。

5）若年層における家族のコミュニケーションの変化

携帯電話が家族のコミュニケーションにどのような影響を与えるのかについて考えてみよう。

「ITによる家族への影響実態調査」（内閣府, 2001）によると，携帯電話やインターネットによるメール機能などのコミュニケーション・ツールの多様化によって，配偶者との間では64％の人が，単身赴任者との間では70％の人が，独立・結婚した子どもとの間では55％の人が，コミュニケーションが増えたと回答している。また，同居の家族については，約4割の人が家族との関係が密になったと回答している。このように，ITがコミュニケーションの手助けをしているといえるだろう。

次に，若年層のIT利用と家族とのコミュニケーションについて見ていこう。ITを利用するようになってから，「時間を気にせず友人と連絡を取れるようになった」と回答している20代以下の比率は66.3％，「他の家族を気にせず友人と連絡を取れるようになった」とする比率は63.0％と，他の年代に比べて高い

178   11章

項目	合計	20代以下	30代	40代	50代以上
時間を気にせず友人と連絡を取れるようになった	48.5	66.3	62.2	38.4	31.4
他の家族を気にせず友人と連絡を取れるようになった	35.9	63.0	41.7	26.8	16.8
家族に内緒の話ができた	10.2	15.5	11.1	5.3	9.5
自分の部屋で過ごす時間が長くなった	6.5	11.6	5.0	5.3	4.5
他の家族の交友関係がよくわからなくなった	5.1	2.8	2.2	8.9	5.9
友人中心に行動するようになった	4.7	16.0	1.7	0.5	1.4

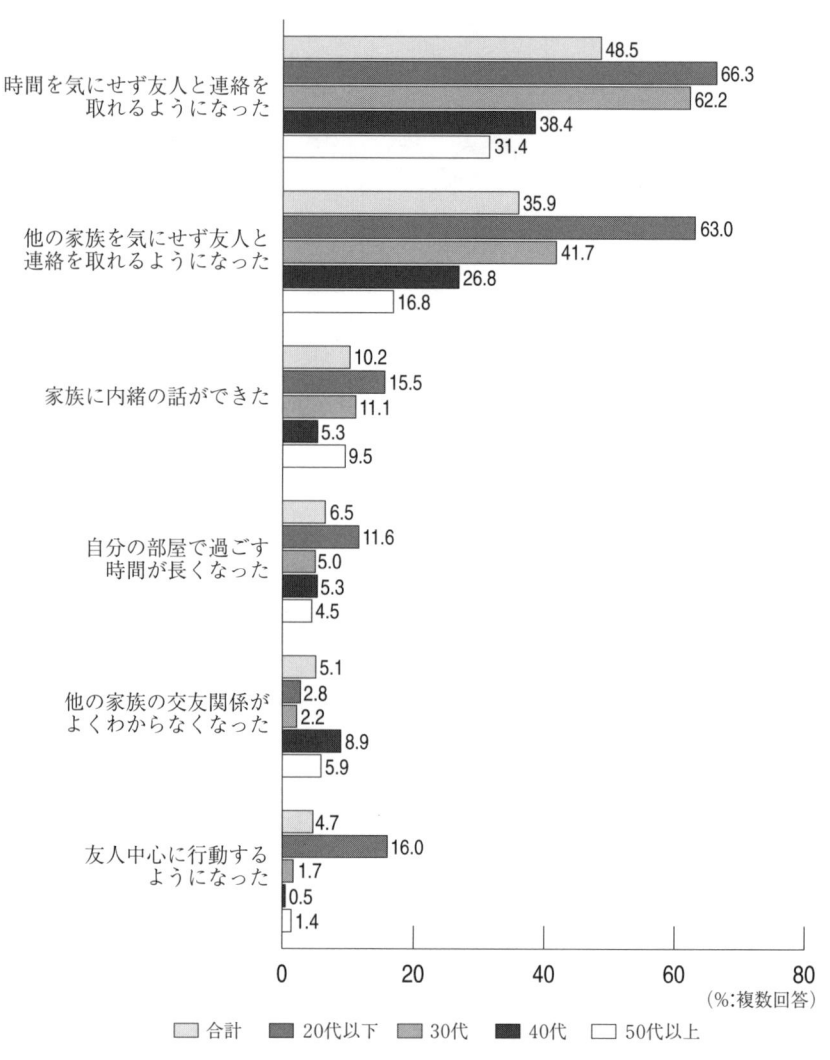

(%:複数回答)

(備考) 1. 内閣府「ITによる家族への影響実態調査」(2001年) により作成。
2. 「移動電話やインターネットを利用するようになってから、次の変化はあなたご自身にあてはまりますか。あてはまるものすべてにお答えください」という問いに対する回答者の割合（複数回答）。
3. 回答者は同居の家族がいる771人。
4. 調査時期は2001年8〜9月。

図11−4　ITの利用による年代別生活変化（内閣府, 2002）

傾向にある。

　また，「ITを利用するようになって，家族の行動が個別化し，家族の行動がよくわからなくなるという悪い面があると感じるか」という問いに対して，30％の人が悪い面があると感じており，特に携帯電話を持っている子どもがいる家庭の母親では45％が悪い面があるとしている。

　自宅にいる相手に対して携帯電話を利用する割合は，年齢が低くなるほど多くなる傾向があり，10代では7割を超える（野村総合研究所，1999）。さらに「親は子どもが誰と電話しているのか知っているか」という問いに対して，携帯を持っている女子高校生の親で「たいがい知っている」と答えたのは42.5％，男子高校生の親で31.7％と，把握している比率は低い。部屋の中で夜中に誰と話しているのかわからないし，把握のしようがないのが実態といえる。家族との連絡は取っているものの，家族の個別化が進んでいるともいえるだろう。森岡（2001）は，家に帰ってこない子どもでも，携帯電話で連絡がつきさえすれば安心だからそれを許す親が増えているとし，携帯電話によって核家族が離散を始めていると指摘している。

6）携帯メールの特徴

　まずは携帯メールの実態から見ていこう。「ケータイメールに関する使用実態調査」（博報堂，2002）によると，1日あたりのメール件数は受信8.3件，送信7.2件で，特に10代男性ではメールの多さが際立っていた。ケータイメールをする場所で最も多かったのは自宅で，40％を占めていた。また，メールをやり取りする相手は友人・知人が約9割でもっとも多く，女性の場合は家族とのやり取りが半数以上を占めていた（50.2％）。

　中村（2001）によると，携帯メール利用の特徴として第1にはその利用頻度の高さがあげられる。第2の特徴はその内容である。携帯電話の内容は待ち合わせなど道具的利用が目立ったが，携帯メールは「今，どこ？」「今，何をしている？」というように，現状の報告やまわりの情報，あるいは気持ちを伝えることに使われ，相手に話すことを強要しないため，どうでもよい内容を送りやすいとしている。この点が音声である電話と異なる。また，ちょっとした気持ちを伝えることや今の感覚を瞬時に伝える点でパソコンによる電子メールと異なり，常時気持ちを通じ合わせるという他のメディアにはない特徴をもって

いると指摘している。その意味では、「フルタイム・インティメート・コミュニティ」は携帯メールによって実現されているといえそうである。

4. インターネットによるコミュニケーション

1　CMCの特徴

　コンピュータを介したコミュニケーション(Computer Mediated Communication；CMCと以下略)は、電話などのメディアと異なる。たとえば電話は1対1のコミュニケーションになるが、CMCでは1対1に限らず多数対多数も含めて情報を伝達できる。このように、CMCは対象の制約から解放されている。松尾(1999)は、コンピュータコミュニケーションにおけるさまざまな制約の解放を指摘している。

　たとえば、時間の制約の解放では、コンピュータコミュニケーションの場合、時間に縛られることなく、相手がいなくても、発信者が情報を伝えたいと思うときに発信できる。また、対象の制約の解放として、電子メールではカーボンコピーなどによって簡単に複数の人に同じ内容のメールを送ることができる。自己開示の解放では、対面の場合よりも自分の意見を素直に正直に話すことができる。たとえば、ウォータートンとダフィー(Waterton & Duffy, 1984)は、アルコール消費量に関してのコンピュータによる回答と対面による回答を比較している。対面条件では面接者がコンピュータ画面を見ながら質問し、コンピ

表11-7　コンピュータコミュニケーションにおける制約の解放(松尾, 1999)

制約	解放される内容
時間の制約	自分の好きな時間に利用可能 リアルタイム応答が不要
対象の制約	不特定多数への発信可能
情報の再利用の制約	情報を共有し、共同作業が可能
社会的制約	ノンバーバルコミュニケーションに依存しないコミュニケーションが可能
ハンディキャップ	健常者と同等のコミュニケーションスキルが可能
偏見	地位、性別、障害の有無などによる偏見が解消
自己開示の解放	バイアスのかからない反応が可能

表11-8　報告された平均アルコール消費量。かっこ内は標準偏差

(Waterton & Duffy, 1984)

	全体	ビール	ワイン	ウィスキー
全体平均	22.6(24.3)	16.8(18.9)	1.4(3.5)	4.3(10.1)
コンピュータ	26.1(27.4)	19.0(19.4)	1.7(3.6)	5.4(13.5)
対面	19.6(21.0)	15.0(18.3)	1.2(3.3)	3.4(5.9)
対面／コンピュータ×100	133.4	126.4	150.0	158.5
有意水準	0.016			

ュータ条件では面接者は画面の見えないところにいて，入力はコンピュータの指示に従う形を取った。その結果，コンピュータを利用したほうが，飲酒量が多く回答された（表11-8）。

一般に，自己報告の調査では社会的に望ましい方向にバイアスがかかるが，コンピュータを用いた場合，そのバイアスが小さくなることを示している。

スプロウルとキースラー（Sproull & Kiesler, 1992；是永，1999）によると，CMCと他のコミュニケーション技術との比較から，以下のような特徴をあげられる。

①非同期性：メッセージに対して発信者と受信者は同時に接触する必要がなく，時間の制約なしにコミュニケーションができる。電子メールや掲示板によるコミュニケーションでは，時間のズレが存在し，相手の都合を気にすることなくこちらの都合でメッセージを送ることができる。

②迅速さ：メッセージはほとんど数秒のうちに距離を超えてやりとりされる。

③文字によるコミュニケーション：メッセージは文字によって構成される。また，ノンバーバル・コミュニケーションや視覚的な手がかりを含まない。

④同報性：複数の人が同一のメッセージを共有できるため，アクセスの資格やきっかけなどに制約が少ない。

⑤外部記憶の存在：メッセージはコンピュータの記憶装置に記録されるため，やり取りを保存し，後で再生することができる。参加するものは参加開始の時期などに制約されない。

⑥記憶の処理：記憶されたメッセージ内容はコンピュータによる処理が可能で，検索，複写などが簡単に行える。

表11-9 CMCと他のコミュニケーション技術との比較

	非同期性	迅速さ	文字のみ	同報性	外部記憶	記憶の処理
会 議	×	△	×	○	×	×
電 話	×	△	×	△	△	×
手 紙	×	×	×	△	○	△
FAX	○	○	○	○	○	△
CMC	○	○	○	○	○	○

(○…可能である，△…状況による，×…不可能に近い)
(Sproull & Kiesler, 1992；是永，1999より)

彼らによると，こうした特徴によりCMCは2つの方向を持つ。一つは社会的な地位を考慮せずに発言できるので，平等に参加できるコミュニケーションが行えるというものである。この場合，会議などで意見交換が活発になると考えられる。実験の結果、異なった地位では対面状況よりもCMCのほうが発言率に差が少ないといえる。もうひとつは，問題点の中で取り上げるフレーミングである。

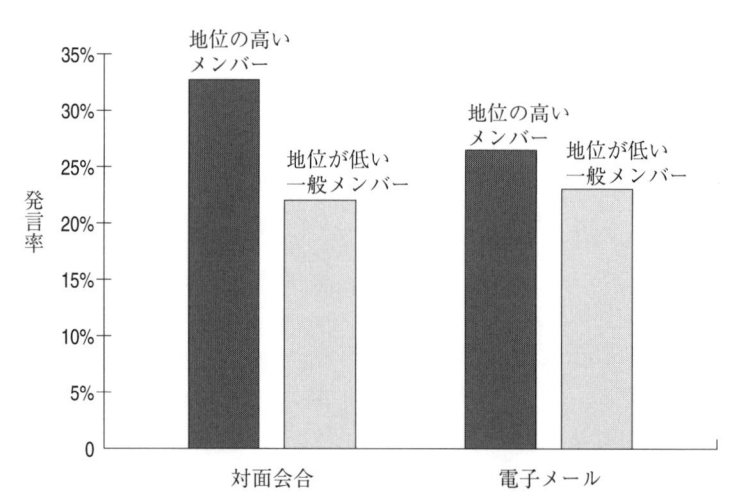

図11-5 メンバーによる参加の違い（Sproull & Kiesler, 1992；是永，1999より）

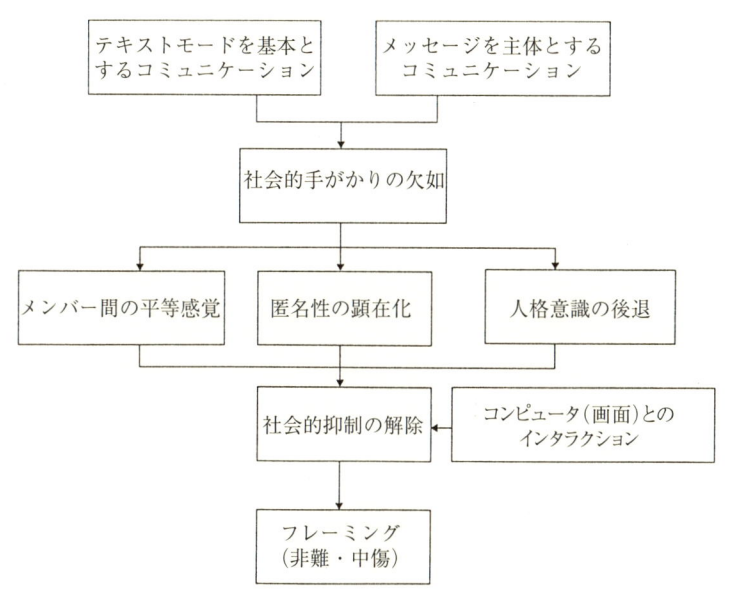

図11-6　フレーミング現象の背景（川浦，1993）

2　CMCの問題点

1）フレーミング

　CMCでは，地位の影響がなくなることによって，社会的な規範を欠いた発言がおこなわれ，個人間の統制が取れなくなる，というものである。CMCにおける感情的・攻撃的な発言は，炎が広がる比喩から「フレーミング(flaming)」と呼ばれる。川浦(1993)は，フレーミング現象の背景を図11-6のように示している。

これによると，文字主体のコミュニケーションであるがゆえに社会的手がかりが欠如する。この社会的手がかりというのは，たとえばノンバーバルコミュニケーションなどの情報や相手の性・年齢・職業などの社会的属性を意味する。こうした手がかりの欠如が，メンバー間の平等感覚や匿名性を顕在化することになるというものである。

2）匿名性

　川浦(2002)は，インターネットでの特徴の中で非対面コミュニケーションや自己開示の促進，非同期性などのほかに，匿名性をあげている。匿名である

がゆえに自由に振舞える人もいれば欲求不満の解消にフレーミングのようなことをする人もいる。インターネットでは名前が本当なのかどうかわからないし，匿名禁止でも実質は匿名と変わらないことになる。

3）情報過多と信頼性

多くの情報が手に入るというのはいいことのようだが，必要な情報だけが増えるというわけでなく，間違った情報までもがチェックされずに入ってくる可能性もある。簡単に誰でも情報が提供できるというのは，それだけいらない情報も増えることを意味する。このように情報量が多くなることによって，利用者は情報の獲得を制限せざるを得なくなり，結果的に狭い範囲の情報しか獲得できなくなってしまう可能性がある。

4）情報格差

電子掲示板のように不特定多数の人が参加する場合，必ずしも発言は均一化せず特定の人が情報を交換することになりやすい。川上（1993）は，あるフォーラムの発言回数を分析し，特定のメンバーのみが発言していることを明らかにしている。

また，発言回数だけでなく，CMCを利用できる人とそうでない人でも情報格差は生じる。コンピュータをすべての人が持っているわけでなく，持っている人と持っていない人との間でも格差は起こる。たとえ持っていたとしてもCMCを利用できるいわゆるコンピュータリテラシーがある人とそうでない人との間では，情報機器活用能力の格差から情報リッチと情報プアを生み出す（川上，

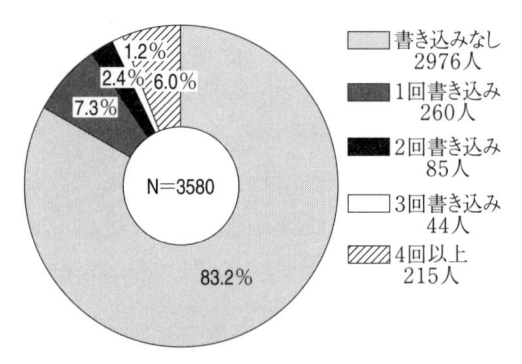

図11-7　発言回数別の発音者数（川上，1993）

1996)。

5．現代若者のコミュニケーション

1　若者のコミュニケーションの特徴
ここでは，ITとの関連から生ずると思われるものを中心に，その特徴について考えてみよう。

1）選択的人間関係

「番通選択」という言葉は，電話がかかってきたときに，端末画面に現れる発信番号表示を見てから，電話に答えるかどうかを決める行為である。この習慣が，若者の携帯電話利用で広がっている。親しい友人だけでなく，どちらかといえば嫌いな部類に入る友人の携帯番号まで聞くこともある。なぜなら，番通選択によって，自分が話したい友人であるのかそうでないのかを見極めるためである。松田（2000）は，携帯電話利用が選択的人間関係を助長していることを明らかにしている。自分の話したい人とだけ話す。そうでない人からの電話やメールには，留守電を使ったり出なかったりする。その意味で携帯電話は，選択するのに最高のツールとなっている。こうした選択的人間関係は，自分が選んだ友人との間がより親密になることはあるが，選択しない友人との関係が親密になる機会を自ら無くしていることにもなる。

2）摩擦回避傾向

長田（1994）は，現代青年の特徴として，以下のような指摘をしている。調査から見られる友人数や満足度では，若者の対人関係は良好であるように見える。しかし，徒党時代(ギャングエイジ)の様相が変化したため，対人スキルの習得が不十分となっている。その結果，現代青年は仲間との間に適度な距離をおくことによって表面的には円滑な対人関係を維持することになる，としている。たとえば，友人のためになる助言であっても，そこまで言うべきことではないと思ってしまう。仮に思い切って言ったとしても，言うこと自体が対人関係のストレスとなってしまうので，極力摩擦になるようなことは言わないようになる。このように，できるだけ相手を傷つけないようにし，自分も相手と距離をとって傷つかないようにする摩擦回避傾向が目立つ。摩擦を起こしたときにこそ，どのよう

にそれを解消するかを学ぶことができるわけだが，その機会に遭遇することなく関係が続くことになる。

3）コミュニケーション能力の低下

最近，すぐそばの同僚と話をする代わりにメールを使う若者や，会社を休むということを隣の上司に伝えるためにメールを使うという若者の話をよく聞く。コンピュータに夢中になるから人嫌いになるのか，もともと人嫌いだからコンピュータに夢中になるのかはわからないが，コンピュータ会社では，人と人との会話がないことが問題となっている。また，結婚の意思がないシングルが多く，結婚しても離婚が多いといわれる。今，コンピュータ部門の問題は，シングル傾向が強いということ，対人関係がほとんど見られないこと，無表情になること，うつ病とも言えずむしろアパシーといえる表情の人が多くなること，が指摘されている（町沢，1999）。

情報化社会の進展は，「フェイス・トゥ・フェイス（face to face）」で人と会って話をしなくても，情報を得ることを可能にした。文字を使ったコミュニケーションである携帯メールやパソコンのメールがコミュニケーションの中心になればなるほど，「フェイス・トゥ・フェイス」の機会が減る。このことは，自分の言いたいことを文字ではなく，言葉に出して相手に伝えるということや，非言語（ノンバーバルコミュニケーション）で相手が何を言おうとしているのかを察するといった，今までの常識が常識でなくなることを意味する。つまり，人と交わる力や対人関係の能力は低下していくことになる。最近の生徒・学生はグループで作業をすることに苦手意識をもっており，グループ内でもめごとがあってもそれを調整する能力が欠ける傾向にある。

それでは，こうしたコミュニケーション能力の低下について，その原因を考えてみよう。

2　コミュニケーション能力の低下とその背景

日本経済新聞社が経営者を対象に実施した調査結果（日本経済新聞，2001．1．30）によると，入社3年目までの若手社員は，10年目の社員の新入社員時代と比べて，「問題発見・解決能力」「社会常識・マナー」「コミュニケーション能力」という点が劣っていると指摘されている。もちろん，組織内のコミュ

ニケーション能力だけに限らず，青少年の対人関係能力の低下についても，いじめや青少年犯罪との関連や対人関係の変化などから取り上げられてきた（たとえば日本社会心理学会シンポ，1997）。こうしたコミュニケーション能力の未熟さおよびその能力の低下について，その背景を考えてみよう。

①きょうだいの数の減少：少子化によるきょうだい数の減少は，子どもの社会化にも影響する。きょうだいは，親子というタテの関係から友人というヨコの関係につなぐナナメの関係として位置づけられ，子どもの社会化に重要な役割を果たす。きょうだいの存在によって対人関係能力は高められるが，その数の減少は能力を高める機会をなくすことにつながる。

②3つの「間」がなくなった：塾通いで時間がなく，遊び場である空間もない。また，ギャング集団といった異年齢の遊び仲間も姿を消して久しい。こうした時間・空間・仲間の3つの「間」がなくなり，コミュニケーション能力を磨く機会さえなくなってしまった。

③遊びのパターンの個人化：人といっしょに遊ぶよりもひとりでゲームをしている方が楽しいというように，遊びの個人化が定着してきた。当然，群れて遊ぶこともなくなり，たとえ友人が数人集まってもひとりはマンガ，別のひとりはゲーム，残りのひとりはインターネット，などとみんなバラバラで遊ぶことも珍しくなくなった。

④対面的コミュニケーションの減少：コンピュータの普及や遊びの個人化とも関連するが，人と人が対面でコミュニケーションをとるのではなく，モノを介してしか人間関係を結べない人が増加傾向にある。職場でも，隣の人とメールで話すことは以前ほどおかしいことと言われなくなり，メールを通した書込言葉によってコミュニケーションを行い，相手の表情を読み取る力をつける機会も失うことになる。

⑤人間関係の希薄化と摩擦回避傾向：対人関係における特徴として，つきあいが浅くなり人間関係の希薄化が進んでいる。その中で，できるだけ相手を傷つけないようにし，自分も相手と距離をとって傷つかないようにする摩擦回避傾向が目立つ。若者のコミュニケーションの特徴でもあるこの点が，摩擦を起こしたときにどのようにそれを解消するかを学ぶ機会を回避させてしまうことになる。

参考・引用文献

1章
朝日新聞，2002．1．31朝刊
Benjamin, J. B., 1986（西川一廉訳　1990『コミュニケーション：話すことと聞くことを中心に』二瓶社）
Devito, J. A., 1989 *The Interpersonal Communication Book*（5th Ed.）, Harper.
Hayakawa, S. I., 1972（大久保忠利訳　1985『思考と行動における言語』岩波書店）
藤永保ほか編　1981『心理学辞典』平凡社
磯貝芳郎　1986『人間と集団・社会』勁草書房
Shannon, C. E. & Weaver, W., 1949（長谷川淳訳　1969『コミュニケーションの数学的理論―情報理論の基礎』明治図書）
田中靖政　1969『コミュニケーションの科学』日本評論社

2章
安藤清志ほか編　1998『自己の社会心理』誠信書房
Attneave, F., 1975（本明寛編　1975『別紙サイエンス：イメージの世界』日本経済新聞社，p.61, p.67）
Bridges, K. M. B., 1932（足立明久ほか編　1985『事例で学ぶ心理学』勁草書房 p.246）
藤永保ほか編　1981『心理学辞典』平凡社
James, W., 1890（斉藤勇編　1987『対人社会心理学重要研究集 3』誠信書房 p.6）
中島義明ほか編　1999『心理学辞典』有斐閣
狩野素朗1985『個と集団の社会心理学』ナカニシヤ出版
小川一夫監修　1995『社会心理学用語辞典（改訂新版）』北大路書房
Plutchik, R., 1962（足立明久ほか編　1985　前掲書 p.247）
斉藤勇編　1987『対人社会心理学重要研究集 3』誠信書房
Sherif, M., 1935（Newcomb, T. M., Turner, R. H. & Converse, P. E., 1965, 古畑和孝訳　1973『社会心理学』岩波書店 p.61, p.67）
Solley & Haigh, 1951（村田孝次　1987『教養の心理学（四訂版）』培風館 p.91）

3章
Benjamin, J. B., 1986（西川一廉訳　1990『コミュニケーション：話すことと聞くことを中心に』二瓶社）
Deci, E. L., 1975（安藤延男ほか訳　1970『内発的動機づけ：実験社会心理学的アプローチ』誠信書房）
Selfridge, O, G., 1955（西川一廉編著　1978『心理学概説』ビジネスリサーチ p.35）

4章

Addington, D. W., 1968（Knapp, M. L., 1972訳書 p.150）
Argyle, M., 1967（辻正三ほか訳　1972『対人行動の心理』誠信書房）
Argyle, M. & Dean, J., 1965（辻正三ほか訳　1972　前掲書 p.144）
Bavelas, A., 1950（Cartright, D. & Zander, A.（Eds.）, 1960　三隅二不二ほか訳編　1969『グループ・ダイナミックス』誠信書房 p.807）
Beier, E., 1974（Devito, J. A., 1989 p.219）
Benjamin, J. B., 1986（西川一廉訳　1990『コミュニケーション：話すことと聞くことを中心に』二瓶社）
Birdwistell, R. L., 1970 *Kinesics and Context: Essays on body motion communication*, University of Pennsylvania Press（Benjamin, J. B., 1986. 前掲書）
Bond, M. H. & Shiraishi, D., 1974（Bull, P., 1987. 訳書 p.29）
Bull, P., 1987（市河淳章ほか訳　2001『姿勢としぐさの心理学』北大路書房）
Cook, M., 1970 Experiments of orientations and proximics, *Human Relations*, 23, 61-76.
大坊郁夫　1998『しぐさのコミュニケーション』サイエンス社
Darwin, C., 1872（荘厳舜哉, 1986,『ヒトの行動とコミュニケーション』福村出版）
Devito, J. A., 1989 *The Interpersonal Communication Book*（5th Ed.）, Harper.
Ekman, P. & Friesen, W. V., 1975（工藤力訳編　1987『表情分析入門』誠信書房）
Hall, E., 1966（日高敏隆ほか訳　1970『かくれた次元』みすず書房）
井上忠司　1982『まなざしの人間関係』講談社
金山宣夫　1983『ノンバーバル事典』研究社
木戸幸聖　1976『面接入門：コミュニケーションの精神医学』創元社
Kraus, S.（Ed.）, 1962（NHK放送学研究室訳　1963『大いなる論争』日本放送出版協会）
Knapp, M. L., 1972（牧野成一ほか訳　1979『人間関係における非言語情報伝達』東海大学出版会）
Leavitt, H. J., 1949（Cartright, D. & Zander, A.（Eds.）, 1960　三隅二不二ほか訳編　1969 前掲書 p.814）
Maurer, R. E. & Tindall, J. H., 1983（斉藤勇編　1987『対人社会心理学重要研究集3』誠信書房，p.181）
Mehrabian, A., 1981（西田司ほか訳　1986『非言語コミュニケーション』聖文社）
Mohr, L.,（Sommer, R., 1969　訳書 p.89）
日本経済新聞，1997. 10. 14夕刊
野村雅一　1983『しぐさの世界』日本放送出版協会
Patterson, M. L., 1983（工藤力監訳　1995『非言語コミュニケーションの基礎理論』誠信書房）
Rozenberg, B. G. & Langer, J., 1965（斉藤勇編　1987　前掲書 p.175）
Ruckmick, C. A., 1921（瀬谷正敏　1977『対人関係の心理』培風館 pp.4-8）
Schlosberg, H., 1941（瀬谷正敏　1977　前掲書 pp.20-23）
Sommer, R., 1969（穐山貞登訳　1972『人間の空間—デザインの行動的研究』鹿島出版

会)

Vargas, M. F., 1987（石丸正訳　1987『非言語コミュニケーション』新潮社）
Woodworth, R. S., 1938（瀬谷正敏　1977前掲書 p.20）

5章

Gibb, J. R., 1961 Defensive communication, *Journal of Communication*, 11. 141-148.
Vygotsky, L. S., 1956（柴田義松訳　2001『思考と言語（新訳版）』新読書社）

6章

Altman, I. & Taylor, D. A., 1973（対人行動学研究会編　1986『対人行動の心理学』p.245）
安藤清志　1994『見せる自分／見せない自分』サイエンス社
Aronson, E., & Linder, D., 1965（斉藤勇編　1987『対人社会心理学重要研究集2』誠信書房, pp.16-20）
Berne, E., 1964（南博訳　1976『人生ゲーム入門―人間関係の心理学―』河出書房新社）
Festinger, L., Schacter, S., & Back, K., 1950（Newcomb, T. M., Turner, R. H. & Converse, P. E., 1965　古畑和孝訳　1973『社会心理学』岩波書店）
Griffitt, W. & Veitch, R., 1971 Hot and Crowded: Influences of population density and temperature on interpersonal affective behavior, *Journal of Personality and Social Psychology*, 17, 92-98.
原田淳治　1999『社会心理学』ブレーン出版
藤永保ほか編　1981『心理学辞典』平凡社 p.217, 311)
深田博巳　1998『インターパーソナル・コミュニケーション』北大路書房
Jones, E. E. & Pittman, T. S., 1982（安藤清志　1994　前掲書 p.138）
Jourard, S. M. & Lasakow, P., 1958（斉藤勇編　1987　前掲書 p.37）
Luft, J. 1969（柳原光　1976『人間のための組織開発シリーズ』行動科学実践研究会 p.346）
Miller, L. & Berg, J. H. & Archer, R. L., 1983 Openers: Individuals who elicit intimate self-disclosure, *Journal of Personality and Social Psychology*, 44, 1234-1244.
Newcomb, T. M., 1961（Newcomb, T. M., Turner, R. H. & Converse, P. E., 1965　古畑和孝訳　1973　前掲書）
小口孝司　1989「自己開示の受け手に関する研究―オープナースケール―」堀洋道ほか編　1994『心理尺度ファイル』垣内出版 pp.229-232
大橋正夫ほか　1987『対人関係の心理学』有斐閣
Piaget, J., 1964（滝沢武久訳　1968『思考の心理学』みすず書房）
斉藤美津子　1972『きき方の理論』サイマル出版会
関計夫　1965『感受性訓練』誠信書房
杉田峰康　1985『交流分析』日本文化科学社
対人行動学研究会編　1986『対人行動の心理学』誠信書房
Zanna & Pack, 1975（斉藤勇編　1987『対人社会心理学重要研究集6』誠信書房 p.154）

7章

Asch, S. E. 1951（岡村二郎訳　1969「集団圧力が判断の修正とゆがみに及ぼす効果」Cartright, D. & Zander, A.（Eds.）, 1960　三隅二不二・佐々木薫訳編　1969『グループ・ダイナミックス第2版　Ⅰ』誠信書房）

Coch, L., & French, J. R. P., Jr. 1948（新村豊・佐々木薫訳　1969「変化に対する抵抗の克服」Cartright, D. & Zander, A.（Eds.）, 1960　三隅二不二・佐々木薫訳編　1969『グループ・ダイナミックス第2版　Ⅰ』誠信書房）

Deutsch, M., & Gerard, H. B. 1955 A study of normative and informational social influence upon individual judgement. *Journal of Abnormal and Social Psychology*, 51, 629-636.

Esser, J. K., & Lindoerfer, J. S. 1989 Groupthink and the Space Shuttle Challenger accident: Toward a quantitative case analysis. *Journal of Behavioral Decision Making*, 2, 167-177.

Hall E. T. 1976（岩田慶治・谷泰訳　1979『文化を越えて』TBSブリタニカ）

Hartley, E. L., & Hartley, R. E. 1952 *Fundamentals of social psychology*. Knopf.

林直保子　2001「集団の問題解決と意思決定」田尾雅夫編『組織行動の社会心理学――21世紀の社会心理学2』北大路書房

広田君美　1963『集団の心理学』誠信書房

Janis, I. L. 1972 *Victims of groupthink: A psychological study of foreign policy decisions and fiascoes*. Houghton Mifflin.

Janis, I. L. 1982 *Groupthink*（2 nd ed.）Houghton Mifflin.

Jakson, J. M 1960（末吉悌次・片岡徳雄・森しげる訳　1967『学習集団の力学』黎明書房）

Jenkins, J. G. 1948 The Nominating Technique as a method of evaluating air group morale. *Journal of Aviation Medicine*, 19（1）, 12-19.

木下稔子　1964「集団凝集性と課題の重要性が同調行動に及ぼす効果」心理学研究，35, 181-193.

Leavitt, H. J. 1951 Some effects of certain communication patterns on group performance. *Journal of Abnormal and Social Psychology*, 46, 38-50.

Moreno, J. L. 1934 *Who shall survive?* Beacon House.

Morris, W. N. & Miller, R. S. 1975 The effects of consensus-breaking and consensus-preempting patterns on reduction in conformity. *Journal of Experimental Social Psychology*, 11, 215-223.

佐々木薫　1971「集団内影響過程」水原泰介編『社会心理学（講座心理学13）』東京大学出版会

Shein, E. H. 1965（松井賚夫訳　1966『組織心理学』岩波書店）

Sherif, M. 1935 A study of some social factors in perception. *Archives of psychology*, 27, 1 -60.

Sherif, M., Harvey, O. J., White, B. J., Hood, W. R., & Sherif, C. W. 1961 *Intergroup conflict and co-operation: The robbers cave experiment*. University Book Exchange.

Stoner, J. A. F. 1961 *A comparison of individual and group decisions including risk*. Unpublished master's thesis, School of Industrial Management, MIT.

末永俊郎・木下富雄　1961「Group dynamicsの発展」心理学評論，5, 224-292.

田中國夫　1987『人が見え社会が見え自分が変わる―ザ・社会心理学バザール―』創元社
吉田冨二雄　1997「集団と個人」堀洋道他編『新編社会心理学』福村出版

8章

Blake, R. R., & Mouton, J. S. 1964（上野一郎訳　1965『期待される管理者像』産業能率短大出版部）

榎本英剛・増田弥生　2001「コーチングとは何か」*Diamond Harvard Business Review*, 3, 50-65.

Fiedler, F. E. 1967（山田雄一訳　1970『新しい管理者像の研究』産業能率大学出版部）

Fiedler, F. E., Chemers, M. M. & Mqhar, L. 1977（吉田哲子訳　1981『リーダーマッチ理論によるリーダーシップ教科書』プレジデント社）

French, J. R. P. Jr. & Raven, B. 1959（千輪浩訳　1962『社会的勢力』誠信書房）

藤井博・金井寿宏・関本浩矢　1995『ミドルマネージャーにとってのメンタリング―メンタリングがエンパワーメントとリーダーシップ行動に及ぼす効果―』神戸大学 Discussion Paper　9555.

Hersy, P., & Blanchard, K. 1972（山元成二・水野基・成田攻訳　1978『行動科学の展開』生産性出版）

久村恵子　2001「キャリア志向とジェンダー―キャリアにおけるリーダーシップとメンタリングの役割」佐野陽子編『ジェンダー・マネジメント』東洋経済新報社

Kerr, S., & Jermier, J. M. 1978 Substitutes for leadership: the meaning and measurement. *Organizational Behavior and Human Performance*, 22, 375-403.

Kram, K. E. 1985 *Mentoring at work:Developmental relationships in organizational life* Glenview, I L: Scott, Foresman.

益田圭　2001「対人関係」田尾雅夫編『組織行動の社会心理学―21世紀の社会心理学2―』北大路書房

小野公一　1997『ひとの視点からみた人事管理』白桃書房

白樫三四郎　1985『リーダーシップの心理学』有斐閣

Stogdill, R.M. 1948 Personal Factors Associated with Leadership:A Survey of the Literature. *Journal of Psychology*, 25, 35-71.

武田建　1985『コーチング―人を育てる心理学』誠信書房

武田建　2001「コーチングのネットワークつくり」*Diamond Harvard Business Review*, 3, 7.

田中國夫　1987『人が見え社会が見え自分が変わる―ザ・社会心理学バザール―』創元社

田尾雅夫　1991「リーダーシップ」田尾雅夫『組織の心理学』有斐閣ブックス

若林満　1989「組織のリーダーシップ」原岡一馬・若林満編『組織の中の人間』福村出版

渡辺直登・久村恵子　1999『メンター／メンタリング入門』プレスタイム

White, R. & Lipitt, R. 1960（中村繁喜・佐々木薫訳　1970「三種の社会的風土におけるリーダーの行動と成員の反応」Cartright, D. & Zander, A. (Eds.), 1960　三隅二不二・佐々木薫訳編　1969『グループ・ダイナミックス（第2版）Ⅱ』誠信書房）

9章

Bellak, L. 1970（小此木啓吾訳　1974『山アラシのジレンマ』ダイヤモンド社）

Berkman, L., & Syme, S.L. 1979 Social networks, host resistance, and mortality: A nine-year follow-up study of Alameda Country residents. *American Journal of Epidemiology*. 109, 186-204.

Cozby, P. C. 1973 Self-disclosure:A Literature Review. *Psychological Bulletin*, 79, 73-91.

深田博己　1998『インターパーソナルコミュニケーション』北大路書房

Goleman, D. 1989 What a happy marriage? Learn to fight a good fight. New York Times（Feb. 21）. In. R. S. Feldman 1995 *Social psychology*. Prentice Hall.

広沢俊宗　1986「孤独の原因，感情反応，および対処行動に関する研究Ⅱ」関西学院大学社会学部紀要，53，127-136.

Hobfoll, S. E., & London, P. 1986 The Relationship of Self-concept and social support to emotional distress among women during war. *Journal of Social and Clinical Psychology*, 4 , 189-203.

Holmes, T. H., & Rahe, R. H. 1967 The social readjustment rating scale. *Jaurnal of Psychosomatic Research*, 11, 213-218.

House, J. S. 1981 *Work stress and social support*. Addison-Wesley

井上徹　1997「対人魅力：相互作用の心情的基盤」藤原武弘編『社会心理学（現代心理学シリーズ9）』培風館

Kahn, R. L., & Antonucci, T. C. 1980（遠藤利彦・河合千恵子訳　1993「生涯にわたるコンボイ―愛着・役割・社会的支え」東洋他訳『生涯発達の心理学2：気質・自己・パーソナリティ』新曜社

工藤力・西川正之　1983「孤独感に関する研究（1）―孤独感尺度の信頼性，妥当性の検討」実験社会心理学研究，22，99-108.

Lazarus, R. S., & Cohen, J. B. 1977 Environmental stress. In Ⅰ. Altman & J.F. Wohlwill（Eds.）*Human behavior and the environment: Current theory and research*. Plenum.

Lynch, J, J. 1977（堂野佐俊訳　1985『現代人の愛と孤独―心臓（こころ）の医学心理学』北大路書房）

宗像恒次・仲尾唯治・藤田和夫・諏訪茂樹　1986「都市住民のストレスと精神健康」精神衛生研究，32，47-65.

日本経済新聞，2002．5．15夕刊

日本労働研究機構　1997『労働者健康状況調査』

Peplau, L. A., & Perlman, D. 1982（加藤義明訳　1988『孤独感の心理学』誠信書房）

Pillisuk, M., Boylan, R., & Acredolo, C. 1987 Social support, life stress, and Subsequent Medical care utilization. *Health psychology*, 6 , 272-288.

Russsell, D., Peplau, L. A., & Cutrona, C. E. 1980 The revised UCLA loneliness scale: Concurrent and discriminant validity evidence. *Journal of Personality and Social Psychology*. 39, 472-480.

清水勤　1992『こんな上司だから辞められる』日本経済新聞社

菅沼崇・浦光博　1997「道具的行動と社会情緒的行動がストレス反応と課題遂行に及ぼす効果―リーダーシップとソーシャルサポートの統合的アプローチ―」実験社会心理学研究, 37, 138-149.

田中國夫　1987『人が見え社会が見え自分が変わる―ザ・社会心理学バザール―』創元社

田尾雅夫　1991『組織の心理学』有斐閣

東京ガス都市生活研究所　2001『生活レシピ2001―自分的生活をきわめる―』

浦光博・南隆男・稲葉昭英　1989「ソーシャルサポート研究：研究の新しい流れと将来の展望」社会心理学研究, 4, 78-90.

10章

Allport, G. W. 1935 Attitudes. In C. Murchison (Ed.) *A handbook of social psychology*. Clark University Press, 798-844.

Benjamin, J. B. 1986（西川一廉訳　1990『コミュニケーション：話すことと聞くことを中心に』二瓶社）

Festinger, L. 1957（末永俊郎訳　1965『認知的不協和の理論―社会心理学序説』誠信書房）

Heider, F. 1958（大橋正夫訳　1978『対人関係の心理学』誠信書房）

Hovland, C. I. & Weiss, W. 1951 The influence of source credibility on communication effectiveness. *Public Opinion Quarterly*, 15, 630-650.

Hovland, C. I., Janis, I. L., & Kelley, H. H. 1953（辻正三・今井省吾訳　1960『コミュニケーションと説得』誠信書房）

今井芳昭　1996『影響力を解剖する―依頼と説得の心理学―』福村出版

池上知子　1998「態度」池上知子・遠藤由美『グラフィック社会心理学』サイエンス社

Janis, I. L., & Feshbach, S. 1953 Effects of fear-arousing communication. *Journal of Abnormal and Social Psychology*, 48, 78-92.

Mackie, D. M. & Worth, L. T. 1989 Cognitive deficits and the mediation positive affect in persuasion. *Journal of Personality and Social Psychology*, 25, 524-544.

McGaier, W. J. & Papageorgis, D. 1961 The relative efficiency of various types of prior belief-defence in producing immunity against persuasion. *Journal of Abnormal and Social Psychology*, 62, 327-337.

Petty, R. E. & Cacioppo, J. T. 1986 *Communication and persuasion: central and peripheral routes to attitude change*. Springer Verlag.

Rosenberg, M. J. & Hovland, C. I. 1960 Cognitive, affective, and behavioral components of attitudes. In Rosenberg, M. J. et al., (Ed.) Attitude organization and change. Yale University Press, 1-14.

上野徳美　1994「態度形成と態度変容」藤原武弘・高橋超編『チャートで知る社会心理学』福村出版

11章

Aronson, S. D. 1971 The Sociology of the Telephone International. *Journal of Comparative Sociology*, 12, 153-167.

博報堂ポケットeライフラボ　2002『ケータイメール利用実態調査』

橋元良明・石井健一・中村功・是永論・辻大介・森泰俊　2000「携帯電話を中心とする通信メディア利用に関する調査研究」東京大学社会情報研究所調査研究紀要，14，83-192.

飯塚久夫　1993「技術階層のコミュニケーション」飯塚久夫他編『コミュニケーションの構造』NTT出版

飯塚雄一・三島勝正・松本卓三　1985「面接状況と話題が被面接者の発話の流暢性に及ぼす影響」実験社会心理学研究，25，53-63.

川上善郎　1993「電子会議を支えるROMとRAM―誰が電子会議の主役なのか―」川浦康至編『メディアコミュニケーション（現代のエスプリNo.306）』至文堂

川上善郎　1996「メディアリテラシーが作り出す「持てるもの」と「持たざるもの」」川浦康至他編『メディアサイコロジー―メディア時代の心理学―』富士通経営研修所

川浦康至　1993「社会生活とコミュニケーション」飯塚久夫他編『コミュニケーションの構造』NTT出版

川浦康至　2002「インターネットで試す心、試される心―インターネットの社会心理学」武藤清栄・渋谷英雄編『メールカウンセリング（現代のエスプリNo.418）』至文堂

是永論　1999「電子空間における人間関係形成」橋元良明編『子ども・青少年とコミュニケーション　情報環境と社会心理3』北樹出版

教育を問う取材班　2001「教育を問う」日本経済新聞社（2001年1月30日朝刊）

町沢静夫　1999「現代ストレスの状況と展望」河野友信・久保木富房編『現代的ストレスの課題と対応（現代のエスプリ別冊：現代のストレスシリーズⅢ）』至文堂

松田美佐　2000「若者の友人関係と携帯電話利用―関係希薄化論から選択的関係論へ―」社会情報学研究，4，111-122.

松尾太加志　1999『コミュニケーションの心理学』ナカニシヤ出版

Milgram, S. 1970 The experience of living in cities. *Science*. 167, 1461-1468.

宮田加久子　1993『電子メディア社会―新しいコミュニケーション環境の社会心理―』誠信書房

森岡正博　2001「携帯時代が深める孤独感覚―新世紀考・電子メディア2―」京都新聞（2001年8月1日）

長田雅喜　1994「仲間・家族と現代青年」久世敏雄編『現代青年の心理と病理』福村出版

中島一郎・姫野桂一・吉井博明　1999「移動電話の普及とその社会的意味」情報通信学会誌，59，79-92.

中村功　1997「生活状況と通信メディアの利用」水野博介他著『情報生活とメディア』北樹出版

中村功　2000「電話と人間関係」廣井脩・船津衛編『情報通信と社会心理　情報環境と

社会心理6』北樹出版
中村功　2001「携帯電話と変容するネットワーク」川上善郎編『情報行動の社会心理学
　　—21世紀の社会心理学5』北大路書房
内閣府　2001『ITによる家族への影響実態調査』
内閣府　2002『平成13年度国民生活白書』
内閣府　2002『単身世帯の耐久消費財の普及状況に関する調査』
日本社会心理学会　1997「対人関係能力の低下」日本社会心理学会第41回公開シンポジ
　　ウム
野村総合研究所　1999『第6回情報通信利用者動向調査』
Sproull, L., & Kiesler, S. 1992（加藤丈夫訳　1993『コネクションズ』アスキー）
渡辺潤　1989『メディアのミクロ社会学』筑摩書房
Waterton, J. J., & Duffy, J. C. 1984 A comparison of computer interviewing techniques and tradi-
　　tional methods in the collection of self-report alcohol consumption data in a field survey. *Inter-*
　　national Statistical Review. 52, 173-182.
吉井博明　1993「電話利用の新しい形態と電話ネットワークの社会的意味」川浦康至編
　　『メディアコミュニケーション（現代のエスプリNo.36)』至文堂

[著者紹介]

西川一廉　にしかわ・かずとし　文学博士
桃山学院大学社会学部教授。
産業・組織心理学，人間関係論が専門。
著書：
『職務満足の心理学的研究』勁草書房
『新しい産業心理』（共著）福村出版
『ミドルエイジの自分探し』（編著）二瓶社
『現代ライフ・スタイルの分析』（共著）信山社出版
『仕事とライフ・スタイルの心理学』（共著）福村出版　ほか
訳書：
『ロールプレイング』ミネルヴァ書房
『コミュニケーション』二瓶社　ほか

小牧一裕　こまき・かずひろ
大阪国際大学人間科学部教授。
社会心理学、人間関係論が専門。
著書：
『社会心理学』（共著）培風館
『人間関係を学ぶ心理学』（共編著）福村出版　ほか

コミュニケーションプロセス

2002年9月30日　第1版　第1刷
2015年2月28日　　　　　第4刷

著　者　　西川一廉
　　　　　小牧一裕
発行者　　宇佐美嘉崇
発行所　　㈲二瓶社
　　　　　〒125-0054　東京都葛飾区高砂5-38-8岩井ビル3F
　　　　　TEL 03-5648-5377　FAX 03-5648-5376
印刷所　　亜細亜印刷株式会社

ISBN 978-4-931199-94-1　C3011